누구나 행복한 이혼을 꿈꾸지만

김박사의 부부심리지침서

누구나 행복한 이혼을 꿈꾸지만

김동근 박민호 공저

지우출판

차례

결
혼,
그
행
복
의
시
작
은

진정한 만남은 사람을 변화시킬 수 있습니다.

지금 내가 만나는 사람이

나를 변화시킬 수 있습니다.

그게 사람이 희망이기도 하면서 절망인 이유입니다.

누군가 "결혼을 왜 하셨죠?"라고 물으면 한 치의 망설임도 없이 "사랑하니까요.", "오랫동안 함께 있고 싶으니까요.", "평생 서로 의지하면서 살고 싶으니까요."라고 대답합니다. 하지만 "왜 이혼을 하시는 거죠?"라고 물으면 선뜻 대답을 하지 못합니다. 사랑해서, 같이 있고 싶어서 결혼을 했는데 왜 헤어지는 것일까요?

"난 제 남편(아내)이 좋아요. 저에게 없는 면을 지녔거든요. 이 점이 맘에 들어 결혼했어요."

나와 다른 점이 좋아서 결혼을 했는데 결혼을 하고 나니 나와 다른 점이 싫어서 이혼을 합니다.

참 아이러니한 일이지요.

어느 드라마에서 남자 주인공이 여자 주인공에게 묻습니다.

"사랑이 왜 변하니?"

사랑은 변합니다. 그렇기 때문에 사랑을 지키는 것이, 지키려고 노력하는 것이 더 가치가 있는 법입니다.

사람들은 부부간에 갈등이 생겼을 때 자연스럽게 이혼이라는 단어를 떠올립니다. 이혼을 해서 좋을 사람도 있겠지만, 그렇지 않은 사람도 있습니다. 이혼은 하지 말아야 할 수도, 해야 할 수도 있습니다. 해도 해도 안 되는 것은 포기하는 것이 현명하듯, 이혼이 어쩔 수 없는 선택이라면, 이혼이 최선이라면 과감히 선택하는 것도 한 가지 방법입니다. 인생에는 많은 선택지가 있으니까요.

하지만 이혼이 현실을 도피하는 수단이어서는 안 됩니다. 결혼은 한 사람이 내게 오는 것이 아니라 인생이 오는 것이고, 이혼 또한 서류에 도장을 찍는 순간 끝나는 것이 아니라 여생을 뒤흔들 수도 있는 중대한 사건이므로 신중을 기해야 합니다.

이 책이 진정한 사랑은 무엇인지, 행복한 결혼 생활이란 어떤 것인지, 부부간에는 무엇이 필요한지를 알게 되는 작은 계기가 되길 바랍니다.

그대들은 함께 태어났으니
영원히 함께 하리라
죽음의 흰 날개가 그대들의 삶을 흩어놓을 때에도
그대들은 함께 하리라
아니, 신의 고요한 기억 속에서까지도 함께 하리라

함께 있되 거리를 두라
그리하여 하늘의 바람이 그대들 사이에서
춤추게 하라

서로 사랑하라
그러나 그 사랑으로 구속하지는 말라
그보다 그대들 영혼과 영혼의 두 기슭 사이에서
출렁이는 바다가 되게 하라

서로의 잔을 채워주되 하나의 잔으로
함께 마시지는 말라
서로에게 빵을 주되 한쪽의 빵만 먹지는 말라

함께 노래하고 춤추며 즐거워하되
그대들 각자는 따로 있게 하라
비록 현악기의 줄들이 하나의 음악을 울릴지라도
줄은 따로 존재하는 것처럼

서로의 마음을 주라
그러나 서로의 마음속에 묶어 두지는 말라
오직 생명의 손길만이 그대들의 마음을 간직할 수 있으니

함께 서 있으라
그러나 너무 가까이 서 있지는 말라
사원의 기둥들도 적당한 거리를 두고 서 있는 것처럼
참나무와 편백나무도 서로의 그늘 속에선 자랄 수 없나니

– 칼릴 지브란, 결혼에 대하여 중 〈함께 있되 거리를 두라〉

1

결혼, 그 행복의 시작은

말 한마디 한마디를 신중히 하자

"죽고 사는 것이 혀의 힘에 달렸나니
혀를 쓰기 좋아하는 자는 혀의 열매를 먹으리라."

– 잠언 18:21

우리나라 속담 중에 "아, 다르고 어, 다르다."라는 말이 있습니다. 같은 말이라도 '어떻게 하느냐'에 따라 전혀 다르게 들릴 수 있다는 뜻이지요. 특히 사랑으로 맺어진 부부간에는 특히 '말'을 조심해야 합니다.

감정에 치우친 말 한마디가 '이혼'이라는 파국을 몰고 오는 경우가 많으니까요. 서로 '죽고 못 사는' 사이였다가 생각 없이 내뱉은 말 몇 마디 때문에 헤어지는 것만큼 허무한 일이 이 세상에 또 있을까요?

이 세상에 부부싸움을 전혀 하지 않고 사는 사람은 없습니다. 싸움의 원인을 곰곰이 생각해보면, 거의 대부분 '사소한 말 한마디'에서 비롯된다는 것을 쉽게 알 수 있습니다. 순간의 감정을 억누르지 못하고 내뱉은 말이 상대방의 자존심을 건드려 감정을 상하게 하거나 평생 지울 수 없는 상처로 남게 되기도 합니다.

누구나 행복한 결혼 생활을 꿈꾸지만 만족스러운 결혼 생활을 하는 부부는 그리 많지 않습니다. 결혼은 성장 배경과 가치관이 다른 두 사람이 결합하는 것이므로 갈등이 생기는 것은 당연합니다. 행복한 부부가 되느냐, 불행한 부부가 되느냐는 '갈등이 얼마나 많은가?'가 아니라 '갈등을 어떻게 현명하게 풀어나가는가?'에 달려 있습니다.

사람 간의 갈등은 대개 '말'에서 시작됩니다. 똑같은 갈등이라 하더라고 어떻게 말하느냐에 따라 상황이 개선되기도 하고, 악화되기도 합니다.

세상의 모든 갈등은 '어떤 말을 하느냐?'와 '어떻게 말하느냐?'에 따라 증폭되기도 하고, 해소되기도 합니다. 먼저 '어떤 말을 하느냐?'부터 알아보겠습니다.

첫째, 모든 대화가 1인칭, 즉 '나'로 시작해야 합니다. 대화의 주인공은 '나'이지 상대방이 아닙니다. 따라서 '내가 가진 생각'을 상대방에게 명확하게 전달하는 것이 중요합니다. 만약 대화를 "내 생각에는 ~." 또는 "나는 ~"이 아니라 "당신은 ~"이라고 시작하면 원만한 합의는 물 건너가게 됩니다. 갈등의 원인이 자신이 아니라 상대방에게 있다고 생각하는 사람과 타협을 하고 싶은 사람은 없을 테니까요.

둘째, 단어 선택에 유의해야 합니다. 부부간에 대화를 할 때는 가능한 한 '항상', '맨날'과 같은 극단적인 단어를 사용하지 말아야 합니다. "당신은 왜 항상 이 모양이야?", "맨날 집에서 뭐 하는 거야?"라는 말을 듣고 기분 좋아할 사람은 없습니다. 이런 극단적인 말은 상대방을 자극해 공격 자세를 취하게 만듭니다.

셋째, 자신의 감정을 구체적, 직접적으로 드러내야 합니다. 내가 어떤 일로 화가 났는지, 상대방의 언행을 보고 어떤 감정을 느꼈는지 등을 구체적으로 밝혀야 상대방이 이에 적절하게 대처할 수 있고, 대화를 이어나갈 여지가 생깁니다.

넷째, 자신이 원하는 바를 정확하게 알려야 합니다. 내가 원하는 것이 무엇인지를 이야기해야 상대방이 해결책을 모색할 수 있고, 문제를 좀 더 쉽게 해결할 수 있습니다. 원하는 바를 말하기 전에 스스로에게 '배우자가 내 생각대로 움직여주길 원하는 것은 아닌가?', '나의 소유욕이나 이기심 때문은 아닌가?' 등을 자문자답해볼 필요가 있습니다.

다섯째, 대화를 마무리할 때는 반드시 자신의 계획에 대해 말해야 합니다. 자신의 생각, 감정, 원하는 바를 말하는 사람은 많지만 앞으로의 계획에 대해 말하는 사람은 많지 않습니다. 상대방은 말을 하는 사람의 행동을 근거로 차후의 태도를 결정하게 되므로 "나는 앞으로 ~할 예정이다."라고 말하면 마음의 문을 열고 관계를 개선하고자 노력하게 됩니다.

일곱째, 결혼식장에서는 축복의 의미가 담긴 말을 해야 하고, 상갓집에서는 위로의 의미가 담긴 말을 해야 하듯이 부부싸움을 할 때도 해당 상황에 맞는 말을 해야 합니다. 감정이 격해져 상황에 맞지 않는 말을 하게 되면 그 말 자체가 싸움의 빌미가 돼 버리기 때문입니다.

사람은 상대방의 말을 듣고 그 사람이 '나에게 어떤 감정을 갖고 있는지', '공격하려고 하는지, 설득하려고 하는지'를 금방 알아챕니다. 만약 자신을 공격하려 한다고 느끼면 상대방을 '협상의 대상' 또는 '문제 해결의 당사자'가 아니라 '적'으로 인식하게 됩니다. 따라서 대화는 직접적으로 관련된 주제에 대해서만 말하고 그 이외의 내용에 대해 말하는 것은 삼가야 합니다.

결론적으로 부부간의 대화에는 '내가 하고 싶은 말'이 아니라 '상대방이 듣고 싶어 하는 말'을 하는 것이 중요합니다. 상대방이 무엇을 원하는지, 어떤 것이 불만인지를 알고, 이해해야만 문제를 해결하거나 갈등을 해소할 수 있는 방법이 생기기 때문입니다.

이번에는 '어떻게 말할까?'에 대해 알아보겠습니다. 일본의 심리학자 나시토 요시히토內藤誼人, Naito Yoshihito는『말투 하나 바꿨을 뿐인데』라는 책에서 상대방을 설득할 때 '무슨 말을 할까?'보다 '어떤 식으로 말을 전할까?'가 훨씬 더 중요하다고 말했습니다. 부부간의 대화가 싸움으로 번지는 이유는 '말투'와 밀접한 연관이 있습니다.

한 결혼정보회사가 기혼 남녀 252명(남성 113명, 여성 139명)을 대상으로 실시한 설문조사 결과에 따르면, 부부 10명 중 9명이 "부부싸움 시 배우자의 말투에 영향을 받는다."라고 답했습니다.

또한 남성 74.3%(84명), 여성 73.4%(102명)는 '배우자의 말투가 부부싸움을 악화시킨다'고 답했으며 '이성을 잃을 만큼 화나게 하는 배우자의 말투'로는 남성의 경우 '신경질적인 말투'(23.1%), '무반응'(14.2%), '무시하는 말투'(13.2%), '빈정거리는 말투'(11.8%) 순으로 나타났고, 여성의 경우 '단정적인 말투'(24.6%), '신경질적인 말투'(16.5%), '빈정거리는 말투'(12.7%), '명령조의 말투'(11.0%) 순으로 나타났습니다.

이처럼 말투는 말을 하는 사람의 마음과 그 말을 받는 사람의 마음에 많은 영향을 미칩니다. 어떤 말투로 말하느냐에 따라 말하는 이의 의도가 잘 전달될 수도 있고, 왜곡될 수도 있습니다. 또한 말투를 조금 바꾸는 것만으로도 인간관계가 달라질 수 있습니다.

부부간의 대화 유형은 크게 상대의 말을 무시하거나 반박하는 말투, 주제와 상관없는 말투, 상대방의 말에 관심을 보이고 긍정적으로 반응하는 말투로 나눌 수 있습니다.

'상대의 말을 무시하거나 반박하는 말투'로 대화한다면 분노와 적개심을 느낄 것이고, 스트레스가 쌓이면서 결국 둘 사이의 대화가 단절될 것입니다. 또한 '주제와 상관없는 말투'로 대화한다면 두 사람 사이에 정서적 괴리감이 생기고, 이는 서로에 대한 무관심으로 이어집니다. 마지막으로 '상대방의 말에 관심을 보이고 긍정적으로 반응하는 말투'로 대화하면 정서적 유대감이 강화되고 행복 지수가 높아집니다.

부부싸움이 잦은 부부의 대화를 들여다보면 상대방을 밀쳐내고 방어하고 공격하는 대화 패턴을 지니고 있다는 것을 알 수 있습니다. 부부싸움을 잘하지 못하는 사람은 불편한 마음을 감정적으로 표현하지만, 잘하는 사람은 자신의 마음을 전달하는 방법으로 상대방을 설득하고 공감을 이끌어냅니다.

부부 사이에서는 '어떤 내용으로 대화하느냐'보다 '어떤 방식과 태도로 대화하느냐'가 중요합니다. 평소 말을 신중하게 하고 부정적인 표현보다는 긍정적인 표현을 사용하는 것이 원만한 부부생활을 위한 지름길이라 할 수 있습니다.

걸림돌이 디딤돌이 될 수 있다

"결혼의 성공 여부는
'자기와 맞는 사람'을 발견하는 능력이 아니라
자기가 결혼할 사람에게
적응할 수 있는 능력에 달려 있습니다."

−존 피셔

세상에는 성격이 친남매처럼 닮은 부부도 있고 정반대인 부부도 있습니다. 후자의 경우 연애 시절에는 상대방의 행동이 장점(매력)이라고 느끼지만, 막상 결혼하고 나면 단점으로 보이기도 합니다. 연애를 할 때는 여성스러워 보였는데, 결혼 후에는 '공주병'으로 느껴지기도 하고 알뜰하게 보이던 것이 '궁상'으로 느껴지기도 하지요.

나와 성격이 다르다는 것은 '나와 맞는 것이 없다'는 의미이기도 하지만 '내가 갖고 있지 못한 장점을 지니고 있다'는 의미이기도 합니다. 따라서 나와 정반대의 성격을 부부생활의 '걸림돌'이 아니라 '디딤돌'로 활용하는 지혜가 필요합니다.

우리 주변에는 배우자의 좋지 않은 습관 때문에 부부싸움을 하는 가정이 많습니다. 어떤 가정은 남편이 집에 들어와서 빨래를 아무 곳이나 던져 놓는 습관 때문에 싸움을 하기도 하고, 어떤 가정은 남편이 양말을 매번 뒤집어 벗어놓는 습관 때문에 싸우기도 하며, 어떤 가정은 양치질을 할 때 사용한 치약 때문에 싸우기도 합니다.

이런 가정의 남편과 아내는 각자의 배우자에게 이런 습관을 고쳐달라고 요청하지만 쉽게 고쳐지지 않습니다. 잘못된 습관을 고칠 마음이 없는 것이 아니라 수년 동안 굳어진 습관을 고치기가 쉽지 않은 것입니다. 그렇다면 그 수많은 날을 이런 사소한 일들 때문에 계속 싸우며 지내야 할까요?

결혼을 할 때는 보통 주례 앞에서 "가난할 때나 부자일 때나 약할 때나 건강할 때나 배우자를 사랑하며 살겠노라."고 서약했습니다. 이 서약에는 배우자의 좋은 면이나 매력적인 면만을 사랑하겠다는 뜻이 아니라 단점도 사랑하겠다는 뜻이 담겨 있습니다.

부부가 행복한 결혼 생활을 유지하기 위해서는 서로의 불완전함을 인정하고, 그 불완전함을 내가 대신 채우겠다는 생각을 가져야 합니다. 이와 반대로 서로의 불완전함을 계속 비난하면 결혼 생활이 불행해질 수밖에 없습니다.

행복한 부부는 '싸우지 않는 부부'가 아니라 '갈등을 극복하며 서로에게 적절히 맞춰가는 방법을 찾는 부부'입니다. 상대방이 아무리 단점이 많은 사람이라도 단점보다 장점을 크게 보려고 노력하는 것이 오랫동안 행복한 결혼 생활을 유지할 수 있는 비결입니다.

이 세상에는 마냥 좋기만 한 것은 없습니다. 배우자의 성격도 이와 마찬가지입니다. 배려심이 많고 상대방을 잘 이해하지만 우유부단한 사람도 있고, 매사 이성적이고 계획적이지만 포용력이 부족한 사람도 있습니다. 이 경우 단점에만 초점을 맞추면 모든 것에 불만이 생깁니다. 장점에 초점을 맞추되 단점은 기꺼이 수용하겠다는 마음가짐이 필요합니다.

"이 세상에서 절대 바꿀 수 없는 것은 '과거'와 '타인'이다."라는 말이 있습니다. 이 두 가지만 인정해도 삶이 편안해집니다. 바꿀 수 없는 것을 바꾸려고 노력하는 것보다는 차라리 장점으로 삼아 발전시킬 수 있는 방법을 찾는 것이 훨씬 효율적입니다.

배우자의 모든 면이 마음에 드는 부부는 많지 않습니다. 우리가 주목해야 할 부분은 배우자의 단점이 아니라 장점입니다. 배우자의 단점을 아무리 들춰내봤자 갈등의 골만 깊어질 뿐, 바뀌는 것은 없기 때문입니다.

세상을 긍정의 시선으로 바라보면 모든 것이 좋아 보입니다. 그런데 한 가지 신기한 것은 이러한 생각이 마음속에서 만들어진다는 것입니다. 긍정적인 생각은 단점을 장점으로 만드는 마법을 가지고 있습니다. 단점만을 바라보며 불평불만에 가득찬 생활을 할 것인지, 단점을 장점으로 바꾸기 위해 노력하며 살 것인지는 자신의 선택에 달려 있습니다.

세계적 부부 심리 치료 권위자인 존 가트맨 박사는 "부부 갈등의 69%는 결코 해결되지 않는 문제 때문"이라고 말했습니다. 상대의 긍정적인 면에 초점을 맞추려는 노력을 하지 않으면 장점이 순식간에 단점으로 변해 버립니다.

'갈등은 해결해야 하는 것이 아니라 관리해야 하는 것이다'라는 인식의 전환이 필요합니다. 결혼 생활에서 중요한 것은 나와 다른 배우자의 성격이 아니라 그것에 내가 어떤 의미를 부여하는지에 따라 달라진다는 사실을 잊지 말아야 하겠습니다.

당신 덕분에 행복했어요

"부부란 서로 반씩 되는 것이 아니라
하나로써 전체가 되는 것이다."
- 빈센트 반 고흐

어떤 동네에 50대의 두 부부가 길 하나를 사이에 두고 살고 있었습니다. 한쪽 집 부부는 거의 매일 부부싸움을 하고, 다른 집 부부는 항상 다정하고 웃음이 넘쳤습니다. 어느 날 사이가 좋지 않은 부부가 앞집 부부에게 물었습니다.

"어떤 비결이 있기에 그 흔한 싸움 한 번 하지 않는 건가요?"

그러자 앞집 남편이 웃으며 대답했습니다.

"우리 집에는 잘못하는 사람들만 모여 있어서 그런 것 같습니다."

"잘못하는 사람들만 모여 있다고요?"

"예를 들어 제가 실수로 꽃병을 깨면 저는 '내가 부주의해서 꽃병이 깨졌으니 잘못했다'라고 말합니다. 그 말을 들은 제 아내는 '꽃병을 미리 치우지 못했으니 내가 잘못했다'라고 말하지요. 이렇게 매사 싸울 만한 일이 일어났을 때 자기 잘못이라고 말하니 싸움을 하려야 할 수 없지요."

우리말에는 '때문에'와 '덕분에'라는 부사구가 있습니다. '때문에'는 영어로 'because of~', '덕분에'는 'Thanks to~'입니다. 영어만 보더라도 어감의 차이를 확실히 알 수 있지요.

둘 다 원인과 결과를 나타내지만 '때문에'가 붙으면 부정적인 의미, '덕분에'가 붙으면 긍정정인 의미가 됩니다. 이와 같은 맥락에서 볼 때 앞말을 '때문에'로 시작하면 싸움으로 끝이 나고, '덕분에'로 시작하면 화해, 타협으로 끝이 납니다.

예를 들어 "당신 때문에 기분이 나쁘잖아."라고 하지 "당신 덕분에 기분이 나쁘잖아."라고 말하진 않고, "당신 덕분에 행복해."라고 하지 "당신 때문에 행복해."라고 하진 않습니다. 짧은 부사구 하나 때문에 전체적인 문장의 뜻이 이렇게 달라진다니 신기할 따름입니다.

'경영의 신'으로 불린 일본의 전설적인 기업인 '마쓰시타 고노스케松下幸之助'는 숱한 역경을 극복하고 94세까지 살면서 수많은 성공 신화를 이뤘습니다. 그는 자신의 승리 비결을 한마디로 '덕분에'라고 표현했습니다.

"저는 가난한 집안에서 태어난 '덕분에' 어릴 때부터 갖가지

힘든 일을 하며 세상살이에 필요한 경험을 쌓았습니다. 저는 허약한 아이였던 '덕분에' 운동을 시작해 건강을 유지할 수 있었습니다. 저는 학교를 제대로 마치지 못했던 '덕분에' 만나는 모든 사람이 제 선생님이어서 모르면 묻고 배우면서 익혔습니다."

사람들은 대부분 '좋은 건(잘한 일은) 내 탓! 나쁜 건(못한 일은) 네 탓!'이라고 생각하는 경향이 있습니다. 부부간에 일어나는 모든 문제에 이런 사고방식으로 접근하면 결과는 불을 보듯 뻔합니다. 부부간에 언쟁이 일어나지 않도록 하려면 문제의 원인, 즉 '화근'을 없애야 합니다. 문제의 원인을 없애는 가장 쉬운 방법은 '말에 긍정의 의미를 담는 것'입니다. 좋은 말이 가야 좋은 말이 오는 법이니까요.

말에 긍정의 의미가 담기면 긍정적인 마음을 품게 되고, 부정의 의미가 담기면 부정적인 마음을 품게 되는 법입니다. '내가 하는 말이 행동이 되고, 그 행동이 습관을 만들고, 그 습관이 나를 만든다'라는 말처럼 부부간의 대화 속에 긍정의 의미가 담긴 말이 많이 오갈수록 행복한 날들이 많아질 것입니다.

부부가 상대방이 잘못한 일 때문에 싸우는 횟수가 많은지, 말(표현)을 잘못해서 싸우는 횟수가 많은지를 곰곰이 생각해보면 후자가 더 많다는 것을 쉽게 알 수 있습니다. 처음에는 '잘못한 일' 때문에 싸웠다면 나중에는 잘못한 일은 어디론가 사라져 버리고 '잘못한 말' 때문에 싸우게 됩니다.

이 세상에는 들으면 들을수록 기분이 좋아지는 말이 있습니다. "덕분에"도 그중 하나이지요. "덕분에"라는 말 한마디에 얼어붙었던 마음이 녹고 세상이 따뜻해지고 미소가 번지고 새로운 힘이 솟아납니다. 언어의 힘은 이토록 위대합니다.

어느 순간 '때문에'라는 말이 목구멍까지 올라오더라도 잠시 숨을 고른 다음 '덕분에'라고 바꿔 말하면 만사가 편안해집니다. 그러면 세월이 흘러 죽음이 서로를 갈라놓을 때 배우자에게 다음과 같은 말을 들을 수 있을 것입니다.

"당신 덕분에 행복했어요."

.

한 귀로 듣고 한 귀로 흘리자

"내가 존재하는 목적은
단 한 사람에게 필요한 사람이 되기 위해서다."

– 비 파트낭

사람들이 소크라테스에게 부인의 엄청난 잔소리를 어떻게 견뎌
내느냐고 물었습니다. 그러자 그는 무덤덤한 표정으로 이렇게 대
답했습니다.

"물레방아 돌아가는 소리도 귀에 익으면 괴로울 것이 없지."

그녀는 둘이 있을 때만 그런 것이 아니라 대중이나 제자들 앞
에서도 남편을 서슴없이 무시했습니다.

하루는 소크라테스가 집에서 제자들을 가르치고 있었는데
그의 아내가 잔소리를 늘어놓기 시작했습니다. 그가 들은 척도
하지 않고 강론을 계속하자 그녀는 큰소리로 욕을 하면서 그에
게 구정물을 퍼부었습니다.

그러자 그는 태연하게 말했습니다.

"천둥이 친 후에 소나기가 내리는 것은 당연한 일이지!"

소크라테스가 이러한 내공(?)을 기를 수 있었던 것은 그의 결심 덕분입니다. 그는 결혼한 지 1주일 만에 다음과 같은 결론을 내렸다고 합니다.

"이렇게 살다간 내가 제명에 못 죽지! 뭔가 특단의 조치를 취하지 않으면 일찍 죽겠구나. 이제부터 마누라가 무슨 말로 공격하더라도 긍정적인 생각으로 막아내리라!"

말은 대단한 힘을 지닌 것이라서 작게는 마음에 상처를 주는 것으로 끝나지만, 크게는 삶 전체를 흔들어 놓기도 합니다. 흔히 인간은 망각의 동물이라고 합니다. 만약 인간에게 '망각'이라는 기능이 없다면 아마도 한시도 살 수 없을 것입니다. 괴로웠던 일, 힘들었던 일, 마음 아팠던 일 등을 모두 마음에 담고 살아야 할 테니까요.

그런데 이상하게도 유독 잊혀지지 않는 것이 있습니다. 그것은 바로 배우자와 싸울 때 듣게 된 말입니다. 사랑하는 사람에게, 아니 믿고 의지했던 사람에게 심한 말을 들은 충격 때문인지는 몰라도 배우자에게 들었던 말은 유독 마음속에 오랫동안 남아 있습니다.

사람은 누구나 실수를 합니다. 처음에는 그럴 생각이 없었는데 싸우다 보니 '욱'해서 심한 말을 툭하고 내뱉게 됩니다. 나중에

화해를 한다고 해도 한 번 마음속에 박힌 말은 쉽게 없어지지 않습니다.

기억을 지울 수 있는 지우개가 있으면 좋으련만 두고두고 마음에 남아 나를 괴롭힙니다. 마음속에 담고 살자니 울화가 치밀어 견디기 어렵고 잊으려 할수록 계속 생각이 납니다. 이럴 땐 어떻게 해야 할까요? 정답은 간단합니다.

배우자에게 들은 말은 바로바로 잊어버리겠다는 마음으로 부부싸움에 임하는 것입니다. 즉, '한 귀로 듣고 한 귀로 흘리는 것'입니다. 신이 인간에게 두 개의 귀를 주신 것은 잘 들으라는 의미도 담겨 있지만, 한쪽으로 들어온 '듣기 싫은 말'을 나머지 한쪽으로 버리라는 의미도 담겨 있다고 생각합니다.

마음에 상처가 되는 말을 담고 살면 병이 돼 돌아옵니다. 우울증에 걸리면 나만 손해입니다. 배우자가 내 고통을 알 리 없고, 내 병을 낫게 해주지도 않습니다. 모든 것을 내 자신이 해결해야 합니다. 무엇을 남기고 무엇을 버릴 것인지를 그때그때 판단해서 불필요하다고 생각하는 것을 과감히 버릴 줄 알아야 합니다. 그래야만 정신 건강에 이롭습니다.

상황이 불리할 땐 '삼십육계 줄행랑'이 상책이고, 내 정신 건강에 전혀 도움이 되지 않는 말은 잊어버리는 게 상책입니다.

포기하며 사는 것도 나쁘지 않다

"사람은 상실과 이별을 통해 인생을 배운다. 포기할 것이 있다면
지금 포기하라. …(중략)…
희망이 없다면 지금의 둥지를 과감히 벗어버려라.
그렇지 않으면 인생을 마감하는 순간에 후회하게 됩니다."

– 엘리자베스 퀴블러 로스Elizabeth KublerRoss, 『인생 수업』

우리가 포기하는 삶에 대해 이야기할 때 자주 등장하는 것은 바로 '개코원숭이' 이야기입니다.

아프리카 원주민들은 개코원숭이를 사냥할 때 상자를 이용한다고 합니다. 상자 속에는 원숭이가 좋아하는 먹이가 놓여 있습니다. 이 상자에는 원숭이의 앞발이 겨우 들어갈 만한 작은 구멍이 있습니다. 먹이 냄새를 맡고 찾아온 원숭이는 앞발을 넣어 먹이를 움켜쥡니다. 이 모습을 본 원주민이 원숭이 쪽으로 다가옵니다. 하지만 원숭이는 먹이를 쥔 손을 놓지 못해 결국 원주민에게 잡히고 맙니다.

이 세상에 자신이 평소 꿈꿔왔던 사람을 만나 싸움 한 번 안하고 행복하게 살다가 죽는 사람은 거의 없을 것입니다. 설사 이상형과 결혼했더라도 싸움을 하게 되고, 권태기도 찾아오며, 심지어 이혼을 하기도 합니다. 그런데 전혀 내 취향이 아니었던 사람과 어쩌다 사랑에 빠졌는데 성격이 잘 맞아 오히려 다른 부부보다 행복하게 사는 경우도 있습니다. 내가 이상형을 포기하지 않았더라면 느끼지 못했을 행복감, 결혼에 대한 환상을 포기하지 않았더라면 맛보지 못했을 즐거움을 느끼게 되는 것이죠.

세상에는 포기하지 말아야 할 것이 있고, 포기해야 할 것이 있습니다. 우리는 지금까지 '포기=실패'라는 공식대로 살아왔습니다. "포기는 배추를 셀 때나 쓰는 단어다."라는 말로 도전을 강요해왔고, 포기하는 사람을 낙오자로 치부해왔습니다. 그 결과 많은 사람이 포기는 '현실과 타협하는 것' 또는 '부끄러운 것'이라는 강박관념에 휩싸여 있었습니다. 그런데 아이러니하게도 포기해야 성공하는 경우도 있습니다.

결혼은 성장 과정과 가정환경이 전혀 다른 두 사람이 결합한 것입니다. 같은 부모 밑에서 자란 형제자매도 성격이 다른데 부부는 더할 나위 없겠지요. 상대방이 내 사고방식과 맞아야 하고 내 생각대로 움직여야 한다고 생각하는 것 자체가 '욕심'이자 '이기심'입니다. 그런데 대부분의 사람은 이를 인정하려 하지 않습니다. 아니 망각하며 살고 있습니다.

사람들은 아무리 애를 써도 고쳐지지 않고, 아무리 잔소리를 해도 나아지지 않는데도 반드시 고쳐보겠다고, 나아지게 해보겠다고 욕심을 부립니다. 그러다가 결국 내 뜻대로 되지 않는다며 이혼이라는 단어를 떠올립니다. 과거가 변하지 않듯이 사람도 변하지 않습니다. 이 경우에는 '포기'라는 카드를 사용해야 합니다.

개코원숭이의 경우처럼 손에 쥐고 있는 것을 놓아야만 다른 것을 쥘 수 있습니다. 안 되는 것, 할 수 없는 것을 쥐고 살다 보면 더 큰 것을 놓칠 수 있습니다. 특히 부부 사이에서 포기를 하지 않으면 삶이 힘들어질 수 있습니다. 여기서 포기란, '덜 중요한 것을 포기하는 것', '잘할 수 있는 것을 하기 위해 잘하지 못하는 것을 포기하는 것'을 말합니다.

적어도 부부 사이에서는 '포기'가 미덕입니다. 지금까지 포기를 모르고 살았더라도 배우자만큼은, 아니 배우자만이라도 포기하고 사는 것이 현명한 길입니다.

"포기하면 다른 길이 보입니다."

어떤 상처는 평생 회복되지 않는다

진실하게 맺어진 부부는 젊음의 상실을 불행으로 느끼지 않는다.
왜냐하면 같이 늙어 가는 즐거움이
나이 먹는 괴로움을 잊게 해주기 때문이다.

– 모로아

나쁜 남편과 함께 살고 있는 지혜로운 아내가 있었습니다. 어느 날 아내는 남편을 뒤뜰에 있는 나무 아래로 데리고 가서 다음과 같이 말했습니다.

"당신이 술을 마시고 나를 때릴 때마다, 외도를 할 때마다 나는 이 나무에 못을 하나씩 박았답니다."

그날 밤 남편은 아내 몰래 크고 작은 못들이 수없이 박힌 그 나무를 안고 울었습니다.

세월이 흘러 아내가 또다시 남편을 그 나무 아래로 데리고 가서 "보세요. 당신이 고마울 때마다 못을 하나씩 뺐더니 이제는 다 없어졌네요."

남편은 울면서 말했습니다.

"못은 없어졌지만, 못 자국은 그대로 남아 있지 않소."

사람들은 평소 "더 이상 상처받고 싶지 않습니다."는 말을 많이 하는데 상처는 왜 생기는 것일까요? 상처는 상대방에게 뭔가를 원하기 때문에 생깁니다. 상대방에게 원하는 것이 없고, 기대하는 것이 없으면 상처를 받는 일이 없겠지요.

사람은 누구나 상처를 지니고 살고 있습니다. 크고 작음, 깊고 얕음의 차이만 있을 뿐이지요. 그런데 더 큰 문제는 상처를 주는 사람들이 내 주변 사람들이라는 점에 있습니다. 가까운 사람일수록 더 많은 상처, 더 큰 상처를 줍니다. 이해해 줄 거라, 괜찮을 거라 생각하기 때문이지요.

외상은 눈에 보이지만 마음의 상처는 눈에 보이지 않습니다. 그래서 방치되기 쉽고, 그냥 넘기기 쉽고, 악화되기 쉽습니다. 마음의 상처가 눈에 보인다면 위로의 말이라도 건넬 수 있지만 상처를 받은 사람이 속을 드러내 보이지 않는 한 상처가 얼마나 깊은지, 얼마나 아픈지를 가늠조차 할 수 없습니다.

2016년 한 연구소가 전국 20세 이상 기혼 남녀 820명을 대상으로 조사한 바에 따르면, 남성 응답자 441명 가운데 24.9%, 여성 응답자 363명 가운데 25.5%는 아내(또는 남편)가 자신의 인격이나 능력을 무시하는 말에 상처를 받았다고 답했습니다. 남편을 무시하는 표현으로는 "당신이 그렇지 뭐", "하는 게 뭐 있어.",

"남자답지 못해.", "당신은 몰라도 돼."였고, 아내를 무시하는 표현으로는 "넌 모르면 가만히 있어.", "그것밖에 안 돼?", "됐어." 등이었다고 합니다.

또한 남편들이 상처를 받는 순간으로는 아내가 부모님이나 집안을 비난할 때(16.4%), 아내가 다른 사람 앞에서 자신을 깎아내릴 때(15.6%), 다른 사람과 비교할 때(15.0%)라고 답했고, 아내들이 상처를 받는 순간으로는 남편이 다른 사람 앞에서 자신을 깎아내릴 때(15.5%), 부모님이나 집안을 비난할 때(10.7%), 자식 잘못 키웠다며 탓할 때(10.4%)라고 답했습니다.

부부는 서로에게 감정을 많이 표출할 기회가 많기 때문에 상처를 줄 확률도 높습니다. 사소한 상처도 있지만 오랫동안 가슴에 남아 있는 상처도 있습니다.

상처는 상대방에게 주기도 하지만 받기도 합니다. 굳이 내가 의도하지 않았더라도 상황 또는 환경 때문에 어쩔 수 없이 상처를 주고받는 경우도 있습니다.

남들이 볼 때는 별일이 아닌 것 같은데 정작 본인에게는 트라우마로 남게 되는 상처도 있습니다. 상처란, 계량할 수 있거나 절대적인 것이 아니라 상대적인 것이기 때문이지요. 따라서 부부싸움을 할 때는 특히 말을 조심해야 합니다. 소소한 상처인지, 트라우마로 남게 될 상처인지는 본인이 어떻게 받아들이는지에 달려 있기 때문이지요.

인간에게 상처는 '피할 수 없는 운명'과도 같습니다. 인간관계가 지속되는 한 다른 사람에게 상처를 받게 마련이지요. 이렇듯 사회생활 속에서도 상처를 받는데 평생을 함께할 배우자에게조차 상처를 받는다면 그 상처가 주는 무게감은 실로 어마어마할 것입니다.

오랜 세월이 지나 내가 사랑하는 사람의 상처를 마주하지 않기 위해서는 지금 당장 내가 상대방에게 어떤 상처를 주고 있는지, 상대방이 얼마나 아픈지를 돌아봐야 합니다. 외도나 폭행 등과 같은 상처는 평생 치유되지 않을 수도 있으니 말입니다.

이혼이 최선의 선택일까?

"헤어지는 부부들은 완벽한 이혼에 대한 환상을 품는다.
폭풍 같은 우울한 다툼이 일순간 완전히 사라지고
그 대신 기분 좋은 시원한 산들바람과 같은 고요함과 편안함이
자리잡게 될 것이라고 생각한다. 하지만 완벽한 이혼은
완벽한 결혼과 마찬가지로 영원히 잡을 수 없는 꿈일 뿐이다."
—브래드 삭스, 『The Good Enough Teen』

우리는 이혼을 하는 사람이 점차 늘어나고 있는 세상에 살고 있습니다. 특히 결혼 1년 미만 신혼부부의 이혼이 점차 증가하고 있다고 합니다. 이혼은 대개 신중하지 못한 결혼에서 비롯되지만, 설사 신중한 결정이었다 하더라도 결혼 후 이러저러한 일로 갈등을 겪게 되고 갈등의 원인을 파악해 해결하려는 노력을 점차 하지 않게 되면서 갈등을 아예 회피하는 단계로 넘어가면 이혼의 갈림길에 서게 됩니다.

결혼을 한 남녀가 이혼을 결심하게 되는 이유는 여러 가지가 있겠지만, 이혼은 인생에서 가장 신중하게 결정해야 할 문제 중 하나입니다. 영원히 사랑할 수 있을 것 같다는 생각으로 결혼을 했지만 갈등과 싸움을 반복하다 보면 이혼이라는 단어를 떠올리게 됩니다.

대부분의 사람들은 이혼에 대한 환상을 갖고 있습니다. 이혼을 잘못된 선택을 제자리로 돌려놓는 유일한 대안이라 여기는 것이죠. 하지만 현실은 결코 그렇지 않습니다.

대한민국 민법 제840조에 제시된 재판상 이혼의 원인은 다음과 같습니다.

1 배우자에게 부정한 행위가 있었을 때

2 배우자가 악의로 다른 일방을 유기한 때

3 배우자 또는 그 직계존속으로부터 심히 부당한 대우를 받았을 때

4 자기의 직계존속이 배우자로부터 심히 부당한 대우를 받았을 때

5 배우자의 생사가 3년 이상 분명하지 아니한 때

6 기타 혼인을 계속하기 어려운 중대한 사유가 있을 때

예나 지금이나 이혼의 사유는 비슷합니다. 그런데 문제는 최근 들어 6항과 관련된 사유가 점점 늘어나고 있다는 것입니다. 여기서 한 가지 주목할 점은 이혼이 '생존의 문제'에서 '삶(가치관)의 문제'로 변하고 있다는 것입니다.

한 결혼정보회사에서 이혼한 남녀 938명(남성 451명, 여성 487명)을 대상으로 실시한 설문 조사에서 남성 33.7%, 여성

40.5%가 가장 큰 이혼 사유로 '경제적, 금전적 요인'을 꼽았습니다. 남성의 경우에는 '시댁, 처가 간의 갈등'(30.8%), '성격과 가치관 차이'(18.8%), '배우자의 불건전한 생활'(10.4%), '종교관의 문제'(6.2%)를 꼽았고, 여성의 경우에는 '배우자의 불건전한 생활(도박, 외도)'(27.9%), '시댁, 친정 간의 갈등'(17.2%), '성격, 가치관의 차이'(10.1%), '종교관의 문제'(4.3%)를 꼽았습니다.

남녀가 이혼을 결심하는 순간에도 약간 차이가 있었는데 남성의 경우 '신뢰가 없어졌을 때', '자신의 꿈이 불신 받았을 때', '취미 생활에 방해를 받았을 때'를 꼽았고, 여성의 경우에는 '공통의 관심사가 없다고 느낄 때', '애정결핍을 느낄 때', '남편의 부도덕한 행위를 목격했을 때'를 꼽았습니다.

이혼은 두 사람의 인생에 중대한 영향을 미치는 일이므로 장단점을 고려하지 않으면 안 됩니다. 이혼의 가장 큰 장점은 자신 또는 상대방에게 감정의 자유를 준다는 것입니다. 이혼을 하게 되면 불필요한 감정 노동이 필요 없게 되는 것이지요. 따라서 결혼 생활이 서로에게 무의미하다는 결론에 이르렀다면 이혼을 선택하는 것도 현명한 방법일 수 있습니다. 실제로 우리 주변에는 이혼 후에 자신의 삶을 찾았다는 사람이 존재합니다. 악순환을 되풀이하는 것보다는 모든 것을 제자리로 돌려놓는 것도 인생을 낭비하지 않는 길이라고 할 수 있습니다.

한편 이혼의 단점은 다음과 같습니다.

첫째, 이혼을 하게 되면 (특히, 여성에게는) 경제적인 문제가 발생합니다. 수입이 줄어들게 되면서 경제적인 문제를 온전히 혼자 감당하게 되는 것이죠. 둘째, 재산 분할, 위자료 등과 같은 분쟁에 휩싸이게 됩니다. 셋째, 자녀 양육권을 갖게 되면 경제적인 이유 때문에 자녀를 적절히 돌보지 못하게 될 수도 있습니다. 넷째, 자녀가 부모의 이혼으로 부정적인 영향을 받게 될 수도 있습니다. 우리 주변에는 부모의 이혼이라는 아픔을 극복하고 훌륭하게 성장하는 자녀도 있지만 그렇지 않은 경우도 있다는 것을 감안해야 합니다.

서로 사랑하며 살 때는 이혼을 생각하지 않습니다. 하지만 이혼은 어느 순간 갑자기 찾아옵니다. 이혼이 절대 남에게 손가락질 받을 일은 아니지만, 신중히 결정해야 할 문제임에는 틀림없습니다. 따라서 반드시 '이혼이 최선의 선택인가?'를 따져봐야 합니다.

이 세상에 '단점 없는 결정'은 없습니다. 순간의 감정에 휘둘려 성급한 결론을 내리면 반드시 후회하게 됩니다. 결혼을 하면 모든 삶이 행복해질 거라는 생각도 하지 말아야 하고, 이혼을 하면 불행해질 거라는 생각도 하지 말아야 합니다. 이혼을 해야 하는 이유와 하지 말아야 하는 이유, 결혼을 했을 때 힘든 일들과 이혼을 했을 때 힘든 일들을 저울질한 후에 신중하게 결정하시길 바랍니다.

배우자와의 갈등과 불화로 지금 당장이라도 이혼하고 싶더라도 이혼 이후의 삶이 확실히 그려지지 않는다면 한 번 더 생각하고 결정해야 합니다. 이혼은 당장의 고통을 벗어나고 싶을 때 하는 것이 아니라 더 나은 삶을 살 자신이 있을 때 하는 것이라는 사실을 명심해야 합니다.

사소한 것에도 감사하자

"만약 당신이 당신 앞에 나타나는 모든 것을 감사히 여긴다면
당신의 세계가 완전히 변할 것이다."

- 오프라 윈프리, 『감사 일기』중에서

TV 토크쇼의 여왕, 트위터 팔로워 2,500만 명, 영화배우, 자산 6억 달러의 부자, 세계에서 가장 영향력 있는 인물 1위라는 화려한 타이틀을 가진 '오프라 윈프리Oprah Winfrey'는 매우 불행한 어린 시절을 보냈습니다. 그녀는 지독하게 가난한 미혼모에게서 태어나 어머니가 아닌 할머니의 품에서 자랐고, 삼촌에게 성폭행을 당해 14세에 출산과 동시에 미혼모가 됐습니다. 엎친 데 덮친 격으로 그 아이조차 태어난 지 2주 만에 죽자 그 충격으로 마약을 복용하는 등 하루하루를 지옥 같이 살았습니다.

이렇게 어두운 환경에서 성장한 그녀가 현재의 자리에 오를 수 있었던 비결은 바로 '감사 일기'때문이었습니다. 그녀는 이 일기에 하루 동안 일어난 일 중 감사한 일 다섯 가지를 찾아 단 하루도 빼놓지 않고 기록했습니다.

그녀가 감사한 내용은 거창한 것이 아니라 다음처럼 지극히 일상적인 것이었습니다.

오늘도 잠자리에서 일어날 수 있게 해주셔서 감사합니다.
유난히 눈부시고 파란 하늘을 보게 해주셔서 감사합니다.
점심 때 맛있는 스파게티를 먹게 해주셔서 감사합니다.
얄미운 짓을 한 동료에게 화를 내지 않게 해주셔서 감사합니다.
좋은 책을 읽게 해주신 작가에게 감사합니다.

오프라 윈프리는 감사의 일기를 통해 인생에서 소중한 것이 무엇인지와 삶의 초점을 어디에 맞춰야 하는지를 배웠다고 합니다. 감사의 습관이 오늘날의 오프라 윈프리를 만든 에너지가 된 셈입니다.

이 세상에는 누구나 할 수 있다고 생각하기 때문에 하지 않는 일이 있습니다. 그중 하나가 '사소한 것에 감사하는 일'입니다. 감사는 행복한 부부생활을 영위하는 데 필수적인 덕목입니다. 사소한 것에 감사하게 되면 그동안 미처 생각하지 못했던 것들을 발견하게 되고, 감사함을 느끼게 해준 사람들에게 고마워

할 수 있게 되며, 자신도 누군가에게 감사한 존재가 돼야겠다는 마음을 품게 됩니다.

하물며 나를 돌봐주고 걱정해주며 아껴주는 나의 배우자에게 감사한 일은 한두 가지가 아닐 것입니다. 배우자에게 감사를 표현하는 일을 소홀히 하면 사랑의 감정이 메마르고 감정의 골이 점점 깊어질 수 있습니다.

늘 곁에 있는 사람, 가까운 사람, 친한 사람에게는 '감사'의 표현을 소홀히 하기 쉽습니다. 내 마음을 표현하지 않아도 알고 있을 거라 착각하기 때문이죠. 하지만 마음을 표현하지 않으면 상대방은 당신의 마음을 전혀 알아채지 못합니다. 이 세상에 다른 사람의 마음을 읽을 수 있는 사람은 없기 때문이지요.

만약 당신을 위해 배우자가 해준 일들에 감사하지 않는다면, 배우자는 당신이 그것들을 당연하게 여기는 것처럼 생각할 것입니다. 따라서 행복한 결혼 생활을 원한다면 가능한 한 많이, 자주 감사의 마음을 표현하는 것이 좋습니다.

감사에 해당하는 영어는 'Thanksgiving'입니다. 즉 감사Thanks한 마음을 남에게 주는Giving 것입니다. 남에게 감사의 마음을 표현하면 행복 호르몬인 '엔도르핀'과 '사이토카인'이라는 물질이 흘러나와 몸이 건강해집니다. 말 한마디로 건강해질 수 있으니 이것만큼 이문이 남는 장사도 없을 것입니다.

사소한 것에 감사할 줄 모르는 사람은 큰 것에도 감사할 줄 모릅니다. 훈련이 안 돼 있기 때문이지요.

일본의 유명한 과자 회사인 '다마고 보로Tamago Boro'에서는 과자를 만들 때 과자를 향해 "감사합니다."라고 외친다고 합니다. 감사한 마음을 표현하다 보면 마음이 즐거워지고 이러한 마음은 제품에도 영향을 미치기 때문입니다. 이 제과 회사의 다케다 사장은 다음과 같이 말합니다.

"감사를 느낀다는 것은 삶을 풍요롭게 만드는 것과 다름이 없습니다. 앞으로는 재료 못지않게 만드는 사람의 행복 수준을 따지는 시대가 올 것입니다. 만드는 사람의 심리적 파동이 물건으로 이동하기 때문이죠. 하루에 3,000번씩 감사를 외쳐보세요. 인생이 바뀔 테니까요."

또한 설교의 황제 '스펄전C. H. Spurgeon' 목사는 "하나님은 촛불을 보고 감사하는 자에게 전깃불을 주시고, 전깃불을 감사하는 자에게 달빛을 주시고, 달빛을 감사하는 자에게 햇빛을 주시고, 햇빛을 감사하는 자에게는 영원토록 사라지지 않는 천국의 영광을 주신다."라고 말했습니다.

우리가 작은 것에 감사하지 못하는 이유는 항상 큰 것, 중요한 것, 특별한 것에만 감사함을 느끼기 때문입니다. 건강할 때는 사소하고 하찮게 여겨졌던 일들이 건강을 잃고 나면 소중하게 여겨지듯이 지금 내 곁에 있는 배우자에게 감사한 마음을 표현하지 않으면 나중에 많은 후회를 하게 될 것입니다.

부부 사이에 반드시 시댁과의 갈등, 외도 등과 같은 심각한 문제가 있어야만 이혼을 하게 되는 것은 아닙니다. 나중에 생각해 보면 그냥 웃어넘길 일인데도 순간의 감정을 억누르지 못해 싸움으로 번지곤 합니다. 우리 주변에는 육아 방법, 청소(또는 쓰레기 분리수거), 애완동물, 옷차림 등과 같은 일상의 아주 사소한 일이 서로의 감정을 건드리고, 이로 인해 이혼에 이르게 되는 경우가 의외로 많다는 사실을 명심해야 합니다.

상대방을 그 자체로 존중하자

"사람들은 자신의 머리와 마음속에서 무슨 일이 일어나고 있는지를
자신이 입 밖에 내기도 전에 배우자가 알고 있으리라 생각한다."

- 골드 스미스, 『존중하는 습관』

세상에는 많은 사람이 있고, 나는 이 세상 속에 살고 있기 때문에 싫든 좋든 많은 사람을 만나게 됩니다. 이 사람들 중에서는 나와 비슷한 생각과 성향을 가진 사람들은 있어도 똑같은 사람은 없습니다.

사람을 만나는 횟수가 늘어날수록 나와 비슷한 점보다는 다른 점을 더 많이 보고 느끼게 됩니다. 그 이유는 각자 살아온 환경, 가치관이 모두 다르기 때문입니다. 다른 사람이 나와 다르다는 사실은 머리로는 이해하기 쉽지만 이를 마음으로까지 받아들이기에는 많은 시간과 노력이 필요합니다.

상대방을 존중하는 것도 일종의 습관이라 할 수 있습니다. 부부싸움의 원인도 따지고 보면 상대방을 존중하지 않는 마음 때문에 생기는 것입니다. '내가 상대방을 존중해주면 상대방도 나를 존중해주는 것'은 자연의 이치입니다. 부부의 연을 맺고 오랫동안 좋은 관계를 유지할 수 있는 비결은 바로 상대방이 자신의 기준으로 나를 판단하지 않고 인간 대 인간으로 존중해주느냐에 달려 있습니다.

존중하지 않는 것은 '상대방을 자신의 잣대로 판단'하기 때문입니다. 나의 입장이 아니라 상대방의 입장에서 판단하면 부부싸움의 빈도가 훨씬 줄어들 것입니다.

상대방을 존중해주는 마음 못지않게 상대방이 '이 사람이 나를 존중해주는구나'라는 느낌을 갖게 하는 것도 중요합니다.

존중은 결코 거창한 것이 아닙니다. 내가 현재 어디에 있고, 누구와 함께 있으며, 언제쯤 집에 들어갈 것인지를 배우자에게 알려주는 일상의 사소한 배려도 '존중'의 범주에 속합니다. 약속 시간에 자주 늦는다거나 상대방이 옆에 있는데도 없는 것처럼 행동하는 것과 같은 사소한 습관이 쌓이면 부부관계에 금이 가기 시작합니다. 다시 말하면 '상대방이 무시당하는 느낌이 들지 않도록 배려하는 것'이 바로 존중의 출발점입니다.

행복한 부부는 상대방을 자신에 맞게 바꾸려 하지 않습니다. 그 사람의 있는 그대로의 모습을 인정하고 받아들입니다. '저 사람은 원래 그렇구나. 나와 다르구나'라고 생각하고 더 이상의 요구를 하지 않습니다.

또한 그 사람의 말과 행동을 긍정적으로 해석합니다. 나와 함께 살고 있다는 것은 나를 좋아하고 있다는 증거라고 생각하는 것이지요.

상대방을 이런 태도로 대하면 상대방은 자신이 존중받고 있다는 것을 알게 되고, 지속적으로 존중받으려 노력하게 됩니다. 또한 상대방이 자신을 바꾸려고 하지 않으므로 안도감과 편안함을 느끼고 더욱 많은 노력을 하게 됩니다.

반면 행복하지 못한 부부는 상대방을 바꾸려고 합니다. 내가 다른 사람과 함께 살려면 우선 내 마음이 편해야 하고 내 마음에 들어야 합니다. 따라서 상대방이 내 뜻대로 해주길 원하는 것입니다. 이런 사람은 대개 상대방이 나와 다르다는 것을 인정하지 않고 상대방은 내가 바꿀 수 있는 대상이라는 사실 또한 인정하지 않습니다.

이러한 상태가 지속되면 마음의 여유가 없어지므로 '나를 사랑하는 마음이 식지 않을까?', '나를 떠나지 않을까?'라는 생각을 하게 되고 상대방의 말에 민감하게 반응하게 됩니다.

이런 마음가짐으로 상대를 대하면 상대방은 불편함을 느끼게 됩니다. 또 자신을 억지로 바꾸려 하니 짜증이 나고 분노가 끓어오릅니다.

부부생활을 잘하는 사람은 상대를 제어하려 하지 않습니다. 상대방은 존중해주는 분위기를 해치지 않기 위해 부당한 요구를 하지 않게 되고 설사 실수를 했더라도 바로 고치려고 노력합니다.

이와 같이 부부생활을 잘하고 못하고는 상대방을 존중하느냐에 달려 있습니다. 나를 존중하는 사람은 상대방도 나와 같이 존중받아야 한다는 것을 잘 알고 있기 때문에 상대방을 존중하고 긍정적인 눈으로 바라봅니다.

사람은 누구나 다른 사람에게 존중받길 원합니다. 다른 사람을 무시하면서 존중받길 원해서는 안 됩니다. 다른 사람에게 존중받길 원한다면 자신이 먼저 남을 존중해야 합니다. 자신이 존중받고 있다고 생각하면 마음을 열게 되고 나의 말이나 행동에 따라 나에게 돌아오는 것이 달라지는 법입니다.

상대방을 존중하는 마음은 두 사람의 사랑을 꽃피우고, 그 꽃을 지지 않게 하는 요소라는 것을 잊지 말기 바랍니다.

상대방의 마음을 알고 있다고 착각하지 말자

"정숙한 여자는 모두 똑같다. 그들은 자신의 정절에만 마음을 두고
정작 중요한 남편에 대하여는 관심을 두지 않는다."

– 장 지로도

가늘고 긴 목에 긴 얼굴을 가진 여성의 그림으로 유명한 이탈리아 화가 아메데오 모딜리아니(1884~1920)는 '지독한 가난, 술, 마약, 질병(결핵)' 등에 시달리다가 36세에 결핵성 뇌막염으로 사망했습니다. 그는 빈센트 반 고흐와 마찬가지로 살아 있을 때보다 '사후'에 알려진 화가로 유명합니다.

1917년 모딜리아니는 그보다 14살 어렸던 화가 지망생 잔 에뷔테른을 만납니다. 32세의 모딜리아니와 18세의 잔은 첫눈에 사랑에 빠졌지요. 부유한 중산층이었던 잔의 부모는 딸이 가난한 화가와 가까이 지내는 것을 못마땅하게 여겼습니다. 모딜리아니와 잔은 부모의 반대를 무릅쓰고 지중해 연안의 코느다쥐르라는 곳에 가서 동거를 시작합니다.

모딜리아니는 이곳에서 잔을 모델로 삼아 여러 작품을 그렸습니다. 그중 특히 유명한 그림이 '큰 모자를 쓴 잔 에뷔테른(1918)'입니다. 모딜리아니는 이 그림에서 잔의 얼굴을 길쭉하게 묘사했습니다. 그런데 그의 작품에서 눈을 끄는 점 중 하나는 아몬드 모양의 눈 안에 눈동자가 없다는 것이었습니다. 눈동자가 없는 얼굴은 잔의 얼굴을 애수와 쓸쓸함, 고고함 등을 느끼게 하는 역할을 했습니다.

잔이 어느 날 모딜리아니에게 왜 자신의 눈동자를 그리지 않느냐고 묻자 다음과 같이 대답했다고 합니다.

"내가 당신의 영혼을 알게 되면, 눈동자를 그리겠소."

그들의 결혼 생활은 오래가지 못했습니다. 폐결핵에 시달리던 모딜리아니는 1920년 잔에게 '천국에서도 나의 모델이 돼주시오'라는 유언을 남기고 죽음을 맞이합니다.

모딜리아니와 잔의 사랑은 이처럼 비극으로 끝났지만 모딜리아니가 한 말을 되짚어보면 그가 잔을 얼마나 사랑했으며 그녀를 한 사람의 인간으로 얼마나 존중했는지를 짐작할 수 있습니다. 모딜리아니는 자신의 부인이라고 해서 잔의 모든 것을 알고 있다고 단정 짓지 않았습니다. 그림에 눈동자를 그리지 않았던 이유는 그녀의 영혼까지 파악하는 데는 시간이 필요하다고 생각했기 때문이지요.

대부분의 사람들은 자신이 배우자의 마음을 꿰뚫고 있다고 생각하는 경향이 있습니다. 속된 말로 '당신은 내 손바닥 안에 있어'라고 생각하는 것이지요. 이러한 생각은 원만한 부부생활에 심각한 지장을 초래합니다. 이러한 생각을 바탕으로 배우자의 마음을 자기 생각대로 판단하고 행동하면 상대방은 모욕감과 수치심을 느끼게 되고, 이는 곧 부부싸움으로 이어집니다. 이러한 상황에 이르게 되면 부부 사이에 생긴 문제를 해결하는 데 집중하지 못하게 됩니다.

　아무리 오랫동안 함께 살았다고 해도 배우자는 엄연히 타인입니다. 또한 인간은 다면적인 존재입니다. 따라서 상대방에 대해 모두 알고 있다고 판단하고 자기 멋대로 말하거나 행동하는 것은 상대방을 하나의 인격체로서 존중하지 않는 것과 같습니다. 상대방을 인격체로서 존중하지 않으면 서로의 마음은 멀어질 뿐 아니라 때로는 상처를 주기도 합니다. 따라서 타인을 자신이 만든 틀 안에 넣고 판단하는 것은 매우 위험한 일입니다.

　함께한 시간이 많은 부부가 그렇지 않은 부부에 비해 상대방이 무엇을 느끼는지, 어떤 생각을 하고 있는지를 더 잘 안다고 말할 수 있을까요?

　오래된 부부는 상대방의 행복한 감정은 잘 느끼지만, 슬픔이나 외로움 또는 울적한 심정 등 부정적인 감정은 제대로 파악하지 못합니다. 그 이유는 바로 부부 사이에서 긍정적인 마음은 잘 드러내지만, 부정적인 마음은 잘 드러내지 않기 때문입니다.

우리가 상대방의 마음을 헤아리지 못하는 데는 여러 가지 원인이 있지만 그중 몇 가지만 알아보겠습니다.

첫째, 인간은 보고 싶은 것만을 보고, 듣고 싶은 것만을 들으려는 경향이 있기 때문입니다. 오랜 세월에 걸쳐 고착화된 '마음의 틀'은 사랑하는 사람을 만났다고 해서, 결혼을 했다고 해서 쉽게 바뀌지 않습니다.

둘째, 상대의 마음을 읽고자 하는 동기가 생기지 않기 때문입니다. 결혼까지 한 마당에 굳이 배우자의 마음까지 읽어야 할 필요성을 느끼지 못하는 것이지요. 이와 같은 감정의 매너리즘은 부부 사이를 멀어지게 하는 원인이 됩니다.

셋째, 관계가 친밀해질수록 경계가 허물어지고 동질감을 강하게 느끼기 때문입니다. 상황이 이렇다 보니 상대방도 자신과 같은 생각을 하고 있을 거라 착각하는 것입니다. 신혼부부보다 중년의 부부가 싸움의 횟수가 많은 것만 보더라도 나이가 들수록 상대방의 마음을 읽는 능력이 현격히 떨어진다는 것을 미루어 짐작할 수 있습니다.

넷째, 서로를 잘 알고 있다는 착각으로 인해 시간이 흐를수록 어떤 사안에 대한 설명이 부족해지기 때문입니다. '부부 사이에

꼭 일일이 말을 해야 아나?'와 같은 마음이 당연히 상대방에게 해 줘야 할 말을 생략하게 만들어 버린다는 것을 명심해야 합니다.

상대방의 마음을 잘 헤아리기 위해서는 상대의 마음을 헤아 려야 하는 목적을 분명히 알아야 합니다. 적어도 부부 사이에서 는 자신이 독심가라는 생각은 하지 말아야 합니다. 결혼 생활은 '서로의 마음을 읽기 위해 노력하는 과정'이어야 합니다. 마음을 읽고자 하는 목적은 상대방과의 차이를 인정하고 친밀감을 높이 기 위한 것입니다.

배우자의 마음을 잘 읽고 헤아리려면 먼저 자신의 마음을 잘 들여다 볼 줄 알아야 합니다. 자신의 마음도 알지 못하는데 배우 자의 마음을 헤아릴 수 있다는 것은 어불성설입니다. 배우자의 마음을 내가 잘 알고 있다고 생각하기 전에 '내가 화가 난 이유 는 ○○○ 때문이구나'처럼 자신의 마음 상태를 알아차리는 훈련 이 필요합니다.

가끔은 속마음을 표현하자

"인간에게 가장 힘든 일은 자신을 알고
자신을 변화시키는 일이다."
– 알프레드 아들러

한적한 일요일 오후, 남편과 아들이 거실에서 텔레비전을 보고 있는데 아내가 다가와 아이에게 한마디를 합니다.

"너 학교 숙제했니? 엄마가 숙제를 한 후에 놀라고 했어, 안 했어? 넌 도대체 커서 뭐가 되려고 그러니?"

남편은 아무 생각 없이 애를 타일러 방에 들여보낸 후 다시 텔레비전으로 눈을 돌립니다.

잠시 후 아내는 걸레를 들고 와서 소파 밑을 닦으며 집안이 엉망이라는 둥, 싱크대 배수관이 막혔다는 둥 혼잣말로 연신 중얼거리기 시작합니다.

남편은 속으로 '오늘 이 사람 왜 이러지? 불편해 죽겠네'라며 슬그머니 방으로 들어가 버립니다.

여자는 이처럼 한번 심사가 뒤틀리면 마음에 안 드는 부분을 직접 이야기하기보다 에둘러 표현하곤 합니다. 은유적 표현을 상대방이 알아채고 그에 맞게 행동해주길 바라는 것이지요.

하지만 남자들은 이런 여자의 의사 표현 방식을 잘 이해하지 못합니다. 그저 짜증이 늘었다고만 생각하고 이러한 상황이 빨리 끝나기를 숨죽여 기다립니다. 어렴풋하게 나마 뭔가 나에 대한 불만을 표현하고 있다는 생각을 하면서도 그것이 정확히 무엇인지는 알지도 못하고, 알려고 하지도 않습니다.

물론 극단적인 예에 불과하지만, 아내는 자신의 속마음을 직접 표현하지 않고 남편이 알아서 행동해주길 바라고, 남편은 아내가 무엇을 원하는지 알려고 하지 않고 무시해 버리는 상황이 지속되면 두 사람 사이에 갈등이 생기기 시작합니다.

부부싸움을 하는 이유는 다양하지만, 대개는 아내의 잔소리에서 시작됩니다. 잔소리를 들어야 하는 남편은 처음에는 고치려고 노력하지만 잔소리가 반복되면 아내가 무슨 말을 해도 귀를 기울이지 않게 됩니다. 아내는 들은 척도 안 하는 남편의 모습을 보고 더욱 잔소리를 하게 되고 시간이 흐를수록 부부 사이가 더 벌어집니다. 부부 사이에 불화가 생기면 처음에는 서로 언성을 높이며 싸우지만 나중에는 서로 말 한마디 하지 않는 심각한 상황에 놓이게 됩니다.

정작 심각한 문제는 배우자에게 속마음을 드러내지 않는 것입니다. 자신의 속마음을 드러내지 않는 이유는 말로 표현하면 부부 사이가 나빠질 것이 예상되는 경우, 자존심이 걸린 문제인 경우, 혼자서도 감당할 수 있다고 생각되는 경우 등입니다. 하지만 그 어떤 경우라도 부부 사이에는 비밀이 있어서는 안 됩니다. 속마음을 말하지 않았다가 문제가 불거지거나 더 큰 문제로 비화되는 경우 말을 하지 않았다는 사실조차 불화의 원인이 되기 때문입니다.

부부 사이는 속마음을 드러내지 않아서 나빠지는 경우가 드러내서 나빠지는 경우보다 많고, 부부 사이에는 자존심이 필요하지 않으며 혼자서 감당할 바엔 부부가 함께 감당하는 것이 낫기 때문입니다.

속마음은 가능한 한 빨리 드러내야 해결책을 모색할 수 있습니다. 이러저러한 이유로 속마음을 숨기고 살다 보면 지울 수 없는 흔적으로 남게 될 수도 있습니다.

배우자가 속마음을 드러내도록 하려면 많은 노력이 필요합니다. 사소한 문제라도 항상 대화를 통해 해결해 나가고 배우자의 표정을 살펴야 하며 상대방의 입장에서 경청하는 자세를 견지해야 합니다.

지금 당장 귀찮다고 복잡한 것이 싫다고 외면하면 결혼을 할

때 꿈꿨던 이상이 한낱 꿈에 불과했다는 것을 깨닫게 될 것입
니다.

칭찬에 인색하지 말자

"결혼 생활의 지속 여부를 판가름하는 변수 중 하나는
'칭찬'과 '비난'이다. 부부싸움의 여부는 중요하지 않다.
가장 중요한 것은 '비난의 양 대비 칭찬의 양이 얼마나 되느냐'다."

– 존 가트맨(심리학자)

미국의 소설가 '마크 트웨인^{Mark Twain}'은 "칭찬을 한마디 들으면 두 달을 견뎌낼 수 있을 만큼 기쁘다."라고 말했습니다. 칭찬 한 마디 들었을 뿐인데, 어떻게 두 달 동안이나 기쁜 감정을 유지할 수 있을까요?

우리 주변에는 남의 말을 잘 듣지 않고 자기 말만 하는 사람, 자신이 관심 있어 하는 말에만 귀를 기울이는 사람, 다른 사람의 말을 무시하는 사람이 있는가 하면 친절하고 솔직한 사람, 유머와 재치가 있는 사람, 진심으로 경청하고 맞장구를 쳐주는 사람도 있습니다. 후자에 해당하는 사람에게 끌리는 것은 인지상정입니다.

이런 사람과는 자꾸 대화를 하고 싶고, 자주 만나고 싶습니다.

이런 사람들의 공통점이 무엇인지 곰곰이 따져보면 모두 하나 같이 '남을 칭찬하는 사람'이라는 것을 알 수 있습니다. 칭찬은 이와 같이 인간관계의 기본이자 필수 요소라고 할 수 있습니다.

또한 칭찬은 다른 사람에게 사랑받고, 인정받고, 존중받고 싶은 욕구를 채워주는 중요한 수단입니다. 칭찬은 삶에 의미를 부여하는 데 이용되기도 하며, 삶의 원동력이 되기도 합니다.

우리나라 사람이 특히 칭찬에 인색한 이유로는 체면, 권위, 서열을 중시하고 겸손함을 미덕으로 삼는 유교 문화, 자기중심적인 성향, 인간관계보다 물질을 중요시하는 경향을 들 수 있습니다.

신혼기가 지나고 중년에 접어들면 상대방에 대한 관심도가 급격히 떨어집니다. 이 시기에 적절한 처방을 하지 않으면 하루 종일 대화 한마디 하지 않는 삭막한 관계를 유지하다가 결국 이혼이라는 극단적 결정을 하게 됩니다. 이 시기에 가장 효과적인 약은 바로 '칭찬'입니다. 칭찬은 어떤 상황에서도 효과가 있는 만병통치약입니다.

칭찬은 상대방에 대한 부정적인 감정을 없애주는 '소염제'이자 비난을 희석해주는 '해독제'라고 할 수 있습니다. 남편 또는 아내를 향한 칭찬은 상대방이 나를 존중하고 있다는 감정을 느끼게 해주며, 더 나아가 '내 인생의 동반자'라는 확신을 심어줍니다.

화초를 잘 가꾸려면 적절한 시기에 물과 비료를 줘야 하고 자동차를 고장 없이 오래 타려면 자주 점검해야 하듯이 부부관계도 정기적으로 '점검'을 해야 합니다. 바로 이때 사용하는 도구가 '칭찬'입니다.

누구에게나 칭찬할 것이 한두 가지 이상은 있습니다. 따라서 칭찬할 만한 것이 없다는 것은 칭찬거리를 찾기 위한 노력이 부족하다는 의미입니다. 칭찬할 만한 것이 없다고 단정 짓지 말고 사소한 것 한 가지라도 찾아서 칭찬하면 상대방의 자존감이 높아지고 더 많은 칭찬을 받기 위해 노력하게 될 것입니다. 예를 들어 다음과 같은 칭찬은 부부 사이를 돈독하게 해주는 데 도움이 됩니다.

"당신은 참 옷을 잘 입는 것 같아."

"당신만큼 아이를 잘 키우는 사람은 못 본 것 같아."

"집안 어른들을 잘 모셔줘서 고마워."

"당신은 참 센스가 있어."

잔소리는 백해무익한 약이지만 칭찬은 부부간 대화의 물꼬를 트거나 상대방의 약점을 장점으로 바꿔주는 신비한 약입니다. 칭찬에 인색해지는 만큼 행복도 멀어집니다.

칭찬할 때도 요령이 필요합니다.

막연하게 칭찬하지 말고 구체적으로 칭찬해야 합니다. 칭찬이 구체적이고 근거가 확실하면 기쁨이 배가 됩니다.

무작정하는 것이 아니라 상대방에게 가장 알맞은 방식으로 해야 합니다.

공개적으로 하거나 제3자에게 전달하는 것이 좋습니다.

너무 빨리 하거나 너무 늦게 해선 안 되고, 칭찬할 일이 생겼을 때 즉시 해야 합니다.

칭찬을 받는 사람이 부담스럽지 않은 수준에서 해야 합니다.

의례적이 아니라 진심을 담아 칭찬을 해야 합니다.

차별화된 방식으로 칭찬해야 합니다.

결과뿐 아니라 과정도 함께 칭찬해야 합니다.

상대방이 예측하지 못한 상황에서 칭찬해야 합니다.

아내를 칭찬하면 더 매력적인 여인이 될 것이고, 남편을 칭찬하면 더욱 멋있는 남자가 될 것입니다.

때론 나만의 시간을 갖자

"훌륭하고 소중한 것은 모두 외롭다."

– 존 스타인벡

누구나 한 번쯤은 주변의 시선, 환경으로부터 벗어나 혼자만의 시간을 갖길 원합니다. 온종일 회의에 시달린 날 차 안에서 조용히 음악을 들어본 적이 있는 사람, 아이들을 학원에 보내놓고 따뜻한 햇볕을 받으며 커피 한 잔을 마셔본 적이 있는 사람, 늦은 밤 창밖의 빗소리를 들으며 상념에 빠져본 적이 있는 사람이라면 홀로 있는 시간의 달콤함을 잘 알고 있을 것입니다.

이렇듯 우리에게는 온전한 '혼자만의 시간'이 필요합니다. 혼자 있는 시간이 얼마인지는 문제가 되지 않습니다. 자신의 취향, 시기, 상황에 맞게 자신을 온전히 돌아보는 것은 마음의 건강을 유지하는 데도 많은 도움이 됩니다.

미국 4선 대통령 프랭클린 루스벨트는 다음과 같이 말했습니다.

"자기 자신과 우정을 쌓는 일은 매우 중요하다. 본인 스스로와 친하지 않은 사람은 그 누구와도 친구가 될 수 없다."

자신을 사랑하지 않는 사람은 다른 사람과도 잘 지내기 어렵다는 의미입니다. 나 자신과 친해지려면 혼자 있는 시간을 잘 활용해야 합니다.

사회생활이나 가정생활을 하다 보면 혼자만의 시간을 갖기 힘듭니다. 다른 사람을 끊임없이 신경 써야 하고, 사회적 체면을 고려해야 하기 때문입니다. '주위의 기대'에 부응하는 삶을 살기 위해 앞만 보고 달리다 보면 어느 순간 만신창이가 된 자신을 발견하게 됩니다. 몸도 지치고 마음도 지치게 되는 것이지요. '이제 재충전이 필요하다.'라고 느끼는 순간이 바로 '나만의 시간'이 필요한 때입니다.

사람은 대개 혼자 있는 것을 두려워합니다. 아마도 '외로워지기 싫어서', '외롭게 보이기 싫어서'일 것입니다. 하지만 다른 사람과 함께 있을 때는 온전한 '나'를 발견하기 힘듭니다. 사회적 관계는 만족감을 안겨주기도 하지만, 우리에게 많은 것을 요구하고 시간과 에너지를 빼앗아가기도 합니다.

나만의 시간은 자신이 누구인지를 깨닫게 되는 과정입니다. 나만의 시간을 경험해보면 인간관계와 현실에 눈을 뜨게 되고

자기 자신에 대해 얼마나 무지했는지, 자신을 돌보지 않고 살아
왔는지를 깨닫게 됩니다.

나만의 시간이 필요한 이유는 다음과 같습니다.

첫째, 나를 돌아보는 시간을 갖기 위해서입니다. 혼자만의 시
간이 소중하다는 것을 알게 되면 자신이 얼마나 소중한 존재인
지를 깨닫게 됩니다. 혼자만의 시간에 내가 진정으로 원하는 것
이 무엇인지, 나를 위해 무엇을 해야 하는지 등을 고민하다 보면
진정한 '나'를 발견할 수 있습니다.

둘째, 소중함을 잊지 않기 위해서입니다. 서로 한 걸음씩 물러
서 나만의 시간을 가져보면 배우자가 더욱 소중하게 느껴질 것입
니다.

셋째, 부부관계를 더욱 돈독하게 만들기 위해서입니다. 부부
라고 해서 모든 일상을 공유해야 한다는 법은 없습니다. 잠시 인
생의 짐, 아내(남편)으로서의 짐을 내려놓고 나만의 시간을 갖는
것이 두 사람 간의 관계에 활력소가 될 수 있습니다.

하지만 나만의 시간을 갖는 것이 '뭔가로부터 벗어난다'는 의
미여선 안 됩니다. 이는 '도피'일 수 있기 때문입니다. 도피가 아
니라 언제든지 제자리로 돌아올 수 있어야 합니다. 이는 단순히
자유로운 삶의 동경이나 흉내로 그쳐서는 안 된다는 것을 의미
합니다.

또한 나만의 시간이 단순한 일탈이나 도피가 되지 않기 위해서는 추구하는 바가 분명해야 합니다. 목적이 분명하지 않으면 나만의 시간을 갖는 의미가 퇴색되기 때문입니다.

어떤 방법, 방식으로 나만의 시간을 가질 것인지는 개인이 결정하면 됩니다. 오롯이 자기만의 시간을 즐길 수 있다면 그것이 무엇이든 상관없습니다. 아침을 활용하기 어렵다면 주말을 활용하면 되고, 그것도 어렵다면 한 달에 한 번 나만을 위한 날을 지정하는 방법도 있습니다.

부부싸움에도 룰이 필요하다

"세상에서 가장 행복한 사람은 좋은 아내를 얻은 남자다."

- 탈무드

전혀 다른 환경에서 자란 남녀가 부부싸움을 하는 것은 자연스러운 일입니다. 하지만 서로 감정적으로 싸우다 보면 상처만 남게 되므로 '절대 각 방을 쓰지 않는다', '반말은 하지 않는다', '다툼이 발생할 경우 10분간의 휴식기를 갖는다'와 같이 둘만의 규칙을 만들어 싸움의 횟수와 수위를 조절하는 것이 좋습니다.

첫째, 이기려고 하지 말아야 합니다. 부부싸움에는 '승자'와 '패자'가 따로 없다는 사실을 인식해야 합니다. 싸움을 하다 보면 감정이 격해져 상대방을 이기려는 마음이 생깁니다. 누구나 알고 있는 바와 같이 부부싸움의 목적은 '문제의 해결'입니다. 싸움을 '대화의 연장'으로 인식하면 상대방을 논리적인 설득으로 이해시키려는 마음이 생깁니다. 따라서 문제가 발생하면 하나의 관점으로 해결점을 찾으려고 노력해야 합니다.

둘째, 논쟁의 주제에서 벗어나지 말아야 합니다. 종종 부부싸움을 하다 보면 이런저런 이야기들을 하게 되고, 해묵은 감정이나 과거의 일까지 들춰내게 됩니다. 부부싸움을 할 때는 문제의 발단이 된 주제에 초점을 맞추는 것이 중요합니다. '부부싸움은 칼로 물 베기'라는 속담도 있지만, 부부싸움으로 인한 마음의 상처는 쉽게 없어지지 않습니다. 오히려 가까운 사이이기 때문에 말 한마디 한마디에 더 큰 상처를 받습니다.

셋째, 해야 할 말, 해서는 안 될 말을 구별해야 합니다. 성격, 집안 등에 대해 말하거나 감정이 격해져서 "이혼하자.", "헤어지자." 등과 같은 말을 하거나 상대방이 민감하게 생각하는 부분에 대한 말은 피해야 합니다.

넷째, 상대방의 말 한마디에 일희일비하기보다는 대화의 맥락을 파악하는 것이 필요합니다. 싸울 때 싸우더라도 상대방에게 손찌검을 한다거나 물건을 집어 던지는 행위는 절대 하지 말아야 합니다.

다섯째, 타인과 비교를 해선 안 됩니다. 사람의 얼굴은 각자 다르듯이 성격도 다릅니다. 다름을 틀림으로 생각해선 안 됩니다. 각자의 개성을 존중하고 이를 인정해야 합니다. 타인과 비교하는 것은 상대방을 인정하지 않는다는 의미이므로 설사 마음으로는 비교하고 싶더라도 절대 입 밖으로 표현해서는 안 됩니다.

여섯째, 부부싸움으로 인한 감정은 오래 간직하지 말아야 합니다. 이 세상에 싸우지 않고 사는 부부는 없습니다. 부부싸움이 일상의 해프닝으로 끝나느냐, 이혼에 이르게 하느냐는 감정을 얼마나 잘 컨트롤하느냐에 달려 있습니다. 뒤끝이 더 큰 싸움으로 번질 수 있다는 점을 명심해야 합니다. 멈출 때 멈출 줄 알아야 이혼이라는 문제에서 자유로울 수 있습니다.

일곱째, 폭언이나 폭력은 금물입니다. 어떠한 경우에도 폭언이나 폭력은 정당화될 수 없습니다. 폭언은 상대방의 마음에 지울 수 없는 상처를 남기고 폭력은 인간성을 말살하는 행위입니다. 어떤 말과 행동을 하기 전에 상대방에게 어떤 상처를 줄 것인지를 고려하지 않으면 결혼 생활이 파탄에 이르게 됩니다.

여덟째, 부부싸움 후에는 각방을 쓰지 말아야 합니다. 부부관계를 망치는 가장 나쁜 습관 중의 하나가 바로 '부부싸움 후 각방을 쓰는 것'입니다. 부부싸움은 누구나 겪는 일상적인 것이므로 문제를 확대하지 말아야 합니다. 각방을 쓰는 시간이 길어지면 마음도 멀어지고, 결국 사랑도 멀어집니다.

아홉째, 때론 아이들과의 논의가 필요할 수도 있습니다. 아이들이 부부싸움을 보면서 어떤 생각을 할지, 어떤 감정을 가지는지를 알아보는 것도 부부관계를 개선하는 데 중요한 역할을 합니다. 어느 한쪽의 편을 들어달라는 것이 아니라 아이들이 아빠, 엄마의 싸움을 보면서 느끼는 생각을 공유하면 부부싸움을 줄이는 데도 도움이 됩니다.

때론 마음이 가는 대로 살아보는 것도 좋다

"저 산은 내게 우지마라/우지마라 하고/발아래 젖은 계곡 첩첩산중/
저 산은 내게 잊으라 잊어버리라 하고/내 가슴을 쓸어 내리네/
아 그러나 한줄기/바람처럼 살다가고파/이 산 저 산 눈물/
구름 몰고 다니는/떠도는 바람처럼/저 산은 내게 내려가라/
내려가라 하네/지친 내 어깨를 떠미네… (후략)"

– 양희은, '한계령'

남녀가 결혼을 해서 가정을 이루면 남자에게는 가정을 책임져야 하는 의무가 생기고, 아내에게는 가정을 꾸려나가야 하는 의무가 생깁니다. 이는 조상 대대로 내려오는 전통이지만 이런 역할 관계에서 갈등이 생기기도 합니다.

남편은 무거운 책임감으로 인한 갈등, 직장에서의 갈등, 아내와의 갈등 등을 겪고 아내는 남편과의 갈등, 아이들과의 갈등, 시댁과의 갈등 등을 겪습니다. 이러한 갈등은 스트레스를 유발하고 어디론가 멀리 떠나고 싶은 충동을 느끼게 합니다.

스트레스라는 용어는 '한스 세리Hans Selye'라는 캐나다 병리학자가 어떠한 종류의 스트레스 요인이라도 그에 따른 신체 반응은 매우 유사하다는 점, 이런 스트레스 요인이 오랫동안 지속되면 질병으로 발전할 수 있다는 점을 보고하면서 처음 사용했습니다. 세리는 스트레스를 좋은 스트레스와 나쁜 스트레스로 나눴는데, 여기서 전자는 당장은 부담스럽더라도 적절히 대응해 자신의 향후 삶이 더 나아질 수 있는 스트레스를 말하고, 후자는 자신의 대처나 적응에도 불구하고 지속되는 스트레스를 말합니다.

스트레스는 외적인 요인에 의해 생깁니다. 인간이 사회적인 동물인 이상 스트레스는 필연적으로 생겨나는 것입니다. 문제는 이것이 부부간의 갈등으로 번진다는 것이지요.

부부관계나 가정생활에서 받는 스트레스를 방치하면 건강에 좋지 않은 영향을 미치게 됩니다. 따라서 스트레스는 만병의 근원이라 할 수 있습니다. 스트레스를 회피하는 것은 일시적으로는 도움이 되지만, 장기적으로는 문제가 더욱 꼬이고 스트레스가 더 커질 수 있습니다.

따라서 호미로 막을 일을 가래로 막는 일이 없도록 스트레스는 가능한 한 빨리 해소하는 것이 좋습니다. 스트레스를 해소하는 데에는 여러 가지 방법이 있지만, 그중 하나가 '마음 가는 대로 살아보기', 즉 일종의 사소한 일탈입니다. 사소한 일탈의 예로는 무전여행 떠나보기, 친구들과 캠핑하기, 쇼핑하기, 한 달 동안 수고한 나에게 선물하기 등이 있습니다.

일탈은 남편(아내)으로서 하지 못했지만 평소 해보고 싶었던 일을 통해 생활에 지쳐 있던 몸과 마음에 활력을 주는 것을 말합니다. 가끔의 사소한 일탈은 스트레스를 해소하는 데 도움이 됩니다.

자신의 마음에서 울리는 소리에 귀를 기울이고, 아내로서 엄마로서가 아닌 자신으로서 마음 가는 대로 살아보는 것도 인생의 의미를 찾는 데 도움이 됩니다. 뭔가에 얽매어 살다 보면 인생의 무상함과 회의를 느끼게 되는데, 이러한 일상에서의 탈출을 통해 돌파구를 찾아보시길 바랍니다.

'화'를 다스려라

"결혼의 성공은 적당한 짝을 찾는 데 있는 것이 아니라
적당한 짝이 되는 데 있습니다."

– 텐드우드

부부간에 대화를 하다가 어느 한쪽이 화를 내면 더 이상 대화를 이어나가기가 힘들어집니다. 작은 말다툼이 '화' 때문에 큰 싸움으로 번지기도 하지요. 싸움의 주된 원인은 '화'를 잘 다스리지 못하는 데 있습니다. 인간은 감정의 동물이므로 화를 내지 않고 싸울 수는 없습니다. 화를 내되 적당한 시간에, 수위를 조절한다면 부부싸움을 조금은 줄일 수는 있을 것입니다. 여기서 '적당한 시기에', '수위를 조절한다.'라는 것이 바로 '화를 다스린다.', '화를 제어Control한다'라는 의미입니다.

'화병'은 억울하고 분한 감정을 제때 풀지 못하고 쌓아두면서 정신적인 증상과 신체적인 증상이 동시에 나타나는 질환을 말하는데, 이는 우리나라에만 존재하는 질병이라고 합니다.

미국 정신의학회 정신장애진단편람에도 '한국에서만 발병하는 질병'으로서 병의 이름은 'hwa-byung'이라고 등재돼 있다고 하네요. 영어가 아닌 우리말 표현 그대로 등재돼 있는 이유는 그만큼 특이한 질병이라는 의미이겠지요.

화병의 '화火'는 순간적으로 느끼는 '분노'와 달리, 장기간에 걸쳐 억제해온 누적된 감정을 말하고, 이는 대개 억울한 마음에서 시작되는데요. 부당하다고 느끼는 사건을 통해 억울한 마음이 발생하고 이런 마음이 수용할 수 없는 상태로 장기화될수록 화병이 발생할 가능성이 높습니다. 우리나라 국민을 대상으로 조사한 연구에 따르면, 일반인의 4~5%가 화병을 앓고 있다고 합니다.

화병의 원인으로는 생활고, 가족 간 갈등, 실패, 좌절과 같은 외적 요인과 감정을 잘 드러내지 않는 성격, 스트레스에 대한 대처 방식 등 내적 요인을 들 수 있습니다. 가족 내 갈등을 많이 겪고 있는 중년 이후의 여성 주부에게 빈번하게 나타나고 있다는 연구 결과도 있습니다.

최근에는 젊은 세대에서 나타나는 빈도가 점점 높아지는 추세라고 합니다. 기성세대와 젊은 세대의 차이점으로는 기성세대는 화를 직접 표현하지 않는 반면, 젊은 세대는 분노를 직접 표현한다는 것을 들 수 있습니다. 화를 속으로 삭이는 것뿐 아니라 밖으로 표출하는 것도 화병의 원인이 된다는 것을 알 수 있는 대목입니다.

화병은 가슴 두근거림, 두통, 어지러움, 소화불량 등의 신체 증상과 함께 분노, 울분, 불면, 의욕 저하 등의 정신적 증상이 동반됩니다. 특히, 신체적 증상은 교감신경계의 과도한 흥분으로 인해 스트레스 호르몬이 지나치게 분비되면서 나타납니다.

화를 다스리기 위해서는 다음과 같은 사실을 반드시 알아둬야 합니다.

첫째, '화'를 낼 때는 반드시 원인이 있다는 것입니다. 화를 내고 싶은데 화를 낼 만 한 소재가 없다면 화를 낼 수 없겠지요. 따라서 상대방이 화를 내는 모습을 보고 싶지 않다면 화를 낼 빌미를 제공하지 않으면 됩니다.

만약 어쩔 수 없이 싸움을 해야 한다면 '화'라는 감정 또는 행위가 아니라 화를 내게 된 원인에 초점을 맞춰야 합니다. 그래야만 싸움을 조기에 끝낼 수 있습니다. 한 사람이 화를 내고 이를 보고 화가 난 사람이 다시 화를 내면 싸움은 장기화됩니다.

하지만 자신이 화가 난 이유를 곰곰이 생각해보고 화가 난 근본적인 이유를 따져본 후에 천천히 말을 이어나가면 대화가 한결 수월해지고 문제가 한결 쉽게 해결됩니다.

둘째, '화'는 인간이 느낄 수 있는 여러 감정 가운데 하나라는 것을 인정해야 한다는 것입니다. '화'라는 감정에 압도당하게 되면 '화'를 제어하기가 힘들어집니다. 다시 말해 '화'가 주主가 되고 '화'를 내는 사람이 종從이 되는 것이지요. '화'라는 감정의 주인이 되지 못하고 '화'라는 감정에 종속된 상태가 되는 것입니다.

그렇다면 화는 어떻게 다스려야 할까요?

첫째, 가슴속에서 '화'가 끓어오르는 것이 느껴지면 바로 반응하지 말고 상대방에게 "잠깐 생각할 시간을 달라."고 요청합니다. 화가 나면 이성이 무의식의 지배를 받아 마비되는 수가 있기 때문입니다.

둘째, 내가 진정으로 무엇을 원하는지 구체적으로 생각해봅니다.

셋째, 나의 감정과 생각을 상대방에게 최대한 차분한 어조로 전달합니다.

이와 같이 '화를 낼 때에도', '화를 다스릴 때에도' 기술이 필요하다는 사실을 잊지 마시기 바랍니다. 내 속에서 화가 치밀어 오를 때 거북이의 '빙고' 가사를 한 번쯤 음미해보는 것도 의미가 있을 것 같습니다.

모든 게 마음먹기 달렸어

어떤 게 행복한 삶인가요

사는 게 힘이 들다 하지만

쉽게만 살아가면 재미없어 빙고

거룩한 인생 고귀한 삶을 살며

부끄럼 없는 투명한 마음으로

이내 삶이 끝날 그 마지막 순간에

나 웃어보리라 나 바라는 대로

– 거북이, '빙고'가사 중

외로움을 방치하지 마라

울지 마라/외로우니까 사람이다/살아간다는 것은 외로움을 견디는 일이다/
공연히 오지 않는 전화를 기다리지 마라/눈이 오면 눈길을 걸어가고/
비가 오면 빗길을 걸어가라/갈대숲에서 가슴 검은 도요새도 너를 보고 있다/
가끔은 하느님도 외로워서 눈물을 흘리신다.

 - 정호승, 〈수선화에게〉

"함께 있어도 외롭다."라는 말은 무슨 의미일까요? 매일 얼굴을 보고, 함께 밥을 먹는 가족이 주변에 있는데 왜 외로움을 느끼는 것일까요? 하지만 우리 주변에는 외로움을 호소하는 사람들이 의외로 많습니다. 사람의 마음은 오묘한 것이라서 여러 명이 함께 있어도 외로울 수 있고, 즐거운 이야기를 나누다가도 외로움을 느낄 수 있습니다. 또한 외로움은 순간적인 감정일 수도 있고, 오랫동안 누적돼온 감정일 수도 있습니다.

함께 있고 싶어서, 외롭지 않으려고 결혼을 했는데 시간이 흐르고 나니 부부간에 감정이 메말라가고 아이들도 각자 생활하기 바빠 마음 둘 곳이 없어지기 시작하면 마음속에서 '외로움'이라는 감정이 스멀스멀 올라오기 시작합니다. 이러한 상황에 이르게 되면 가족과 함께 있는 것이 그저 '한 공간에 있는 것' 그 이상도, 이하도 아닌 것이 돼 버립니다.

결혼을 했더라도 외로움을 느끼는 이유는 서로에 대한 관심도가 낮아졌기 때문입니다. 상대방이 무엇에 재미를 느끼는지, 어떤 것에 관심이 있는지를 알면 이를 핑계 삼아 대화를 할 수 있고 대화를 하는 과정에서 외로움을 덜 느낄 수 있는데 서로 관심이 없다 보니 외롭게 느끼게 되는 것입니다. 외로움은 곁에 누가 없을 때가 아니라 어떤 사람에게도 관심을 받지 못할 때 더욱 크게 느껴지는 법입니다.

'나도 있고, 애들도 있는데 뭐가 외로워?'라고 생각해선 안 됩니다. 외로움은 단순히 곁에 누가 있고 없고가 아니라 정신적인 것에서 비롯되는 것이기 때문입니다.

캘리포니아대학교 의과대학의 노인의학 전문의 '페리시노토 박사'가 1993년부터 2012년까지 노인의 외로움에 대해 연구한 결과, 기혼자 중 외롭다고 느끼는 비율이 62.5%, 배우자 없이 혼자 사는 사람 중에서 외롭다고 느끼는 비율이 26.7%였다고 합니다. 이 연구 결과로 미루어 보더라도 배우자가 곁에 있더라도 외로움을 느낄 수 있고, 배우가 없더라도 외로움을 느끼지 않을 수 있다는 것을 알 수 있습니다.

외로움을 방치하면 부부 사이에 적신호가 켜집니다. 따라서 상대방이 외롭다고 느끼지 않도록 항상 '관심'을 표현해야 합니다. 관심을 표현하려면 서로 '가까운 거리'에 있어야 합니다. 여기서 '거리'는 마음의 거리를 말합니다. 항상 근거리에 있어야 필요할 때 손을 잡아줄 수 있습니다.

외로움을 느끼는 것은 '함께 있지 않아서'이거나 '상대방의 성격이 자신과 맞지 않아서'가 아니라 마음의 거리가 떨어져 있기 때문입니다.

외로움은 비단 마음뿐 아니라 건강에도 나쁜 영향을 미칩니다. 만성적인 외로움은 심혈관질환의 발병률을 높입니다. 한 연구 결과에 따르면, 외로움을 느끼는 사람은 그렇지 않은 사람보다 조기에 사망할 확률이 14%나 높다고 합니다.

1961년 미국의 내과 의사였던 '스튜어트 울프 박사'는 펜실베이니아주 로세토 Roseto 지역에 여름용 농장을 하나 마련했습니다. 그는 다른 의사와 술을 마시다가 이 지역에 사는 이탈리아계 미국인들은 다른 지역 주민보다 심장병에 잘 안 걸린다는 이야기를 들었습니다. 울프 박사가 이 지역의 심장병 유병률과 사망률을 조사해보니 55세에서 64세 인구 중 심장병으로 죽은 사람은 없었고, 65세 이상 인구 사망률도 전국 평균의 절반에 불과했습니다.

더욱 놀라운 사실은 로세토 주민들은 소시지나 미트볼과 같은 기름진 음식을 먹었고, 술과 담배도 즐긴다는 것이었습니다. 지나친 흡연에 매우 열악한 노동 조건까지 심장에 좋지 않은 조건을 골고루 갖추고 있었던 지역에서 나타난 결과를 보고 조사를 해봤더니 그 원인은 이 지역 특유의 서로 존중하고 협동하는 공동체 문화 때문인 것으로 밝혀졌습니다. 서로 가족처럼 믿고 의지하는 것이 건강 비결이었던 것이죠. 이를 '로세토 효과Roseto Effect'라고 합니다.

이와 같은 측면에서 볼 때 사람이 실제로 옆에 있느냐 없느냐보다는 내면적인 외로움이 더 중요하다는 것을 알 수 있습니다. 지금 바로 당신 곁에 있는 사람이 외로움을 느끼고 있는지 관찰해보세요. 바로 지금이 당신의 관심이 필요한 때인지도 모릅니다.

"그랬구나."가 행복한 가정을 만든다

"사랑의 첫 번째 의무는 상대방에 귀를 기울이는 것이다."

- 폴 틸리히

"도대체 무슨 말을 하는 건지 모르겠네."

"나는 당신을 도저히 이해하지 못하겠어."

이혼을 선택하는 부부의 상황을 자세히 들여다보면 십중팔구는 공감共感 능력이 현저히 떨어진다는 것을 쉽게 알 수 있습니다. 부부 사이에 교집합이 없다는 것은 부부생활에 치명적인 결과를 초래합니다. 상대방을 이해할 수 있어야 공감할 수 있게 되고, 공감할 수 있어야 허물을 덮어줄 수 있게 됩니다.

공감이 없는 부부는 서로에게 흥미가 없기 때문에 일상생활이 무미건조합니다. 사랑은 결국 서로에 대한 '관심'과 '흥미'에서 비롯되기 때문에 공감이 없는 상태가 오랫동안 지속되면 결국 이혼이라는 심각한 국면을 맞이하게 될 수 있습니다.

공감의 뜻을 사전에서 찾아보면 '다른 사람이나, 우리 자신의 감정적, 인지적 상태를 이해하는 능력'이라고 정의돼 있습니다. 삶이 고달프고 힘들어 더 이상 버틸 수 없다고 생각하는 사람이 있을 때 주변에 나와 공감할 수 있는 사람이 있다면 절대 삶을 포기하지 않지만, 이 세상에 내 편은 하나도 없고 혼자라고 생각하는 사람은 삶을 쉽게 포기한다고 합니다. 그만큼 우리의 삶에서 '공감'은 중요합니다.

그런데 공감은 결코 쉽게 할 수 있는 것이 아닙니다. 그 이유는 바로 자신의 마음속에 깊이 뿌리내리고 있는 고정관념, 가치관 등을 모두 억제해야 한다는 전제 때문입니다. 즉, 자신의 모든 것을 내려놓지 않으면 타인과 공감하기 어렵다는 것이지요.

타인과 공감하고자 할 때 가장 많이 쓰이는 대화법으로 "그랬구나."가 있습니다. 영어로는 'Relfective Listening'이라고 합니다. '그랬구나' 대화법은 다음과 같습니다.

첫째, 먼저 부부 중 한 명이 자신이 속상하거나 불만이 있었던 부분을 말합니다. 이때에는 반드시 주어를 '나'가 돼야 하고, 불만을 느낀 상황, 감정, 생각을 가능한 한 정확하게, 구체적으로 말해야 합니다.

이때 주의해야 할 점은 상대를 비난하는 투로 말해선 안 된다는 것입니다.

둘째, 이 말을 들은 배우자는 "그랬구나! 당신 마음이 그랬구나."라고 말합니다.

셋째, 상대방이 한 말을 따라 말하면서 "~구나."를 덧붙입니다.

넷째, 자신의 말을 들어주고 공감해준 배우자에게 "내 마음을 알아줘서 고마워!"라고 말합니다.

대화의 예를 들어보겠습니다.

아내: "나는 집안일을 하느라고 하는데 맨날 집에서 일 안 하고 뭐 하느냐고 말해서 속상했어."

남편: "그랬구나. 집안일을 하느라고 하는데 맨날 집에서 일 안 하고 뭐 하느냐고 말해서 속상했구나. 내가 잘못 말했구나. 나도 회사일 끝나고 집에서 쉬고 싶은데 집이 지저분해서 속상했어."

아내: "회사일 끝나고 집에서 쉬고 싶은데 집이 지저분해서 속상했구나. 내가 미처 그 생각을 못했구나. 내 생각이 짧았구나."

남편. 아내: "내 마음을 알아줘서 고마워."

"그랬구나." 대화법의 핵심은 내 말(행동)을 들은(본) '상대방의 마음이 어땠을까?', '상대방은 어떤 감정을 느꼈을까?', '상대방의 기분은 어땠을까?'를 말을 따라 하면서 느껴보는 것입니다. 특히 이 대화법은 남편에게 많은 도움이 됩니다. 남편들은 대부분 아내의 말을 흘려들어 싸움의 빌미를 제공하는 일이 많기 때문입니다.

부부간 공통분모를 찾자

"결혼이란 단순히 만들어 놓은 행복의 요리를 먹는 것이 아니라
행복의 요리를 둘이 노력해서 만들어 먹는 것이다."

– 피카이로

한 연구 결과에 따르면, 불행한 결혼 생활을 하는 사람은 그렇지 않은 사람에 비해 35%나 병에 걸릴 확률이 높고, 수명이 4년 정도 짧다고 합니다. 그렇다면 어떤 것이 불행한 결혼 생활이고, 어떤 것이 행복한 결혼 생활일까요? 그것은 바로 서로에게 관심이 있느냐 없느냐가 결정 짓습니다. 관심이 있어야 상대방이 무엇을 좋아하는지, 무엇을 원하는지를 알 수 있고, 관심이 있어야 어디가 아픈지를 알 수 있고, 아픈 곳을 어루만져줄 수 있기 때문입니다.

우리는 부부 3쌍 중 1쌍이 이혼하는 시대에 살고 있습니다. 이혼을 하는 이유는 여러 가지가 있겠지만, 그중 '부부간 공통분모의 부재'도 포함돼 있다는 점에 주목할 필요가 있습니다.

공통분모가 없는 부부는 서로 어떤 생각을 하며 지내는지, 어떤 것에 관심이 있는지를 알지 못할 뿐 아니라 알고 싶어하지도 않습니다.

부부 갈등은 거창한 것이 아니라 사소한 것에서 비롯됩니다. 불행이라는 꽃은 무관심을 먹고 자라난다는 사실을 기억해야 합니다. 평소 무심하게 지내다 보면 내가 왜 이 사람과 살고 있는지조차 알 수 없는 지경에 이르게 됩니다.

공통분모가 무엇인지는 중요하지 않습니다. 서로 관심이 있고 흥미를 느끼는 일이면 족합니다. 서로 취미를 즐기기 위해 노력하다 보면 괴롭고 복잡한 일상을 잊게 되고, 상대방에게 눈길을 돌리게 됩니다. 공통분모가 있다고 해서 연애 시절의 감정으로 돌아갈 수는 없겠지만, 적어도 이해의 폭이 넓어지거나 행복감을 느끼게 하는 데는 많은 도움이 됩니다.

"저희 부부는 '공방카페'에 나가고 있어요. 공방카페에서 반지, 팔찌, 꽃꽂이, 십자수 액자, 도자기, 미니어처 등을 함께 만들면서 소소한 즐거움을 느끼고 있어요. 비용도 매우 저렴해서 1~3만 원 정도면 충분하답니다."

"저희 부부는 요즘 주말마다 카페에 다닙니다. 차나 커피를 마시면서 대화도 나누고 반지, 손수건, 머그잔 등도 만들어 작품을 서로 자랑하기도 한답니다. 카페에서 만든 소품을 집으로 가져와 함께 사용하니 부부간에 정도 새록새록 쌓이는 것 같아요."

　나이가 들고 가족 구성원의 수가 줄어들수록 부부간에 미치는 영향력은 커지게 마련입니다. 관심의 대상이 부부로만 한정되기 때문이지요. 결혼 후 오랜 세월 동안 서로 무심하게 지내다가 자식이 독립하면 여유 시간이 많아지면서 배우자와 시간을 어떻게 보내야 할지 몰라 고민하는 부부가 점점 늘고 있습니다.

　젊은 남녀 사이에는 공통분모가 많은 편입니다. 도서관이나 커피숍에서 함께 공부를 할 수도 있고 서로 좋아하는 음악회, 뮤지컬, 연극을 보러 갈 수도 있고, 스포츠를 즐길 수도 있습니다. 그런데 점점 나이가 들면 공통분모가 점점 줄어듭니다. 서로의 관심사가 달라지는 것이지요.

　결혼한 남녀가 행복을 느끼는 데에는 이처럼 공통분모가 매우 중요합니다. 공통분모는 부부의 소속감, 안정감, 신뢰감에 많은 영향을 미칩니다. 공통분모의 예로는 골프, 등산, 테니스 등과 같이 남녀가 함께 즐길 수 있는 취미 생활이 좋습니다. 취미 생활을 하면 함께 보내는 시간은 물론 대화하는 시간도 늘어납니다.

　다만 여성은 나이가 들어갈수록, 쇼핑, 맛집, 여행 등을 좋아하고 남성은 골프, 등산, 낚시를 좋아하는 경향이 있으므로 취미 생활은 부부가 상의해 결정하는 것이 좋습니다. 두 사람의 의견이 상충될 때는 서로 자신의 의견만 고집하지 말고 새로운 취미를 발굴하는 노력이 필요합니다.

　취미를 정할 때는 가장 먼저 공통의 관심사를 찾는 것이 좋습니다. 배우자가 싫다고 하는 취미를 "이게 얼마나 재미있는데."라며 선택을 강요해선 안 됩니다. 만약 어느 한쪽의 의견에 이끌려 억지로 하다 보면 애초에 시작하지 않느니만 못하기 때문입니다.

공감을 강요하지 말자

"결혼은 성품의 연속적인 경연장이다."

- 서양 격언

'셰릴 샌드버그(페이스북 최고운영책임자)'가 SNS에 다음과 같이 남편을 잃은 심경을 담은 글을 올렸습니다. 샌드버그의 남편 '데이비드 골드버그 서베이몽키'는 지난달 1일 멕시코 가족여행 도중 호텔에서 러닝머신을 하다 쓰러져 사망했습니다.

"(쓰러진 남편을 앰뷸런스에 싣고) 병원으로 향하는 시간은 참기 어려울 만큼 길게 느껴졌다. 옆으로 비켜주지 않았던 차들, 앰뷸런스에 길을 터주기보다 목적지에 몇 분이라도 더 빨리 도착하는 것이 중요했던 사람들이 지금도 밉다."

친정어머니는 매일 슬픔에 젖어 아무것도 하지 못하고 있던 그녀에게 다음과 같이 말했습니다.

"슬픔은 너만의 것이 아니다. 네 아이들도 똑같이 느끼고 있단다."

남편을 잃은 슬픔에만 빠져 있지 말고, 아빠를 잃은 아이들을 챙기라는 메시지였습니다.

셰릴 샌드버그는 "직접 겪어보니 그동안 내가 슬픔에 빠진 사람들에게 건넨 위로가 상대방에 대한 공감 없이 뱉은 의례적인 말이었다는 것을 깨달았다."고 말했습니다. 또한 그녀는 "많은 분이 내게 '괜찮아질 거야'라고 이야기했는데 그 말은 별로 위로가 안 됐다."라고 하면서 "진정한 공감은 '괜찮아질 거야'라고 강요하지 않고, 괜찮지 않다는 것을 인정하는 것"이라고 말했습니다.

공감이 현시대의 화두로 떠오르고 있습니다. 공감의 사전적인 의미는 '상대방의 감정을 함께 느끼고, 나의 감정도 상대방이 함께 느끼는 것'입니다. 공감이 중요한 이유는 사람들의 마음을 움직여 참여를 이끌어내는 것이 그 어느 때보다 절실히 필요하기 때문입니다.

인간은 자기중심적인 존재이자, 타인의 마음을 공감Empathy할 수 있는 존재이기도 합니다. 공감은 주관적인 속성을 지니고 있으므로 '감정의 교류'라는 전제가 필요합니다.

타인의 감정을 정확히 이해하고 완전히 공감한다는 것은 사실상 불가능합니다. 부모 자식 간에도 공감하기 어려운데, 하물며 타인과 타인이 결합한 부부가 서로의 마음에 공감한다는 것은 어려운 일이지요.

하지만 대부분의 부부는 자신의 이야기, 감정, 행동에 상대방이 무조건적으로 공감해주길 바랍니다. 만약 공감을 받고 있지 않다고 생각하면 무척 서운해 합니다. 이는 부부라고 해도 100% 공감할 수 없다는 사실을 인정하지 않기 때문입니다.

또한 어디서부터 어디까지가 공감인지, 어느 정도 공감을 해줘야 공감을 하고 있다고 느끼는지도 확실치 않습니다. 그때그때의 기준과 판단으로 공감을 강요하는 것이지요. 따라서 인간에게 요구되는 공감은 '무조건적인 공감'이 아니라 '이성적인 공감', '객관적인 공감'이라는 것을 인정하고 받아들여야 합니다.

나와 생각이 다르다는 것을 인정하자

"행복한 결혼 생활에서 중요한 것은 서로 얼마나 잘 맞는가보다
다른 점을 어떻게 극복해 나가느냐이다."

- 레프 톨스토이

어느 날 문득

이런 생각이 들었습니다.

나는 잘 한다고 하는데

그는 내가 잘 못한다고 생각할 수도 있겠구나.

나는 겸손하다고 생각 하는데

그는 나를 교만하다고 생각할 수도 있겠구나.

나는 그를 믿고 있는데

그는 자기가 의심을 하고 있다고 생각할 수도 있겠구나.

나는 사랑하고 있는데

그는 나의 사랑을 까마득히 모를 수도 있겠구나.

나는 고마워하고 있는데

그는 은혜를 모른다고 생각할 수도 있겠구나.

나는 떠나기 위해 일을 마무리하고 있는데,

그는 더 머물기 위해 애쓴다고 생각할 수도 있겠구나.

나는 아직 기다리고 있는데

그는 벌써 잊었다고 생각할 수도 있겠구나.

나는 이것이 옳다고 생각하는데

그는 저것이 옳다고 생각할 수도 있겠구나.

내 이름과 그의 이름이 다르듯,

내 하루와 그의 하루가 다르듯,

서로의 생각이 다를 수도 있겠구나.

- 정용철, 〈어느날 문득〉

우리가 사는 세상에는 수많은 '갈등'이 존재합니다. 가히 '갈등의 시대'라고 할 수 있죠. 여야 갈등, 지역 갈등, 종교 갈등, 노사 갈등, 부부 갈등, 고부 갈등…. 주변을 아무리 둘러봐도 온통 '갈등'뿐입니다. 갈등의 사전적 정의는 '개인이나 집단 사이에 목표나 이해관계가 달라 서로 적대시하거나 충돌 또는 그런 상태'이고, 한자어는 칡뿌리 갈葛, 등나무 등藤입니다. 한자의 어원을 잠시 살펴보겠습니다.

'칡은 오른쪽으로 감아 올라가는 성향을 지닌 식물이고, 등나무는 왼쪽으로 감아 올라가는 성향을 지닌 식물입니다. 그러므로 칡과 등나무가 한곳에 자라 같은 나무를 타고 올라가다 보면 늦게 감고 올라가는 놈이 먼저 감고 올라가는 놈의 줄기를 누르게 됩니다. 그래서 먼저 감은 놈의 줄기는 밑에 눌려 서서히 죽습니다. 하지만 뿌리까지 죽는 건 아니기 때문에 죽은 줄기 위에 새순이 올라와 다시 나무를 감고 올라가게 됩니다. 앞과 정반대의 상황이 펼쳐지는 것입니다. 전세가 역전돼 눌리게 된 녀석 역시 서서히 죽게 됩니다'

한자 풀이에서도 알 수 있듯이 갈등이 생기면 양 당사자 모두 무사하지 못합니다. 한마디로 '실익'이 없는 것이지요. 그렇다면 갈등은 왜 생기는 것일까요? 그 이유는 바로 서로의 생각이 다르기 때문입니다. 갈등은 바로 상대방의 생각이 나와 다르다는 것을 인정하지 않고 '틀리다'라고 생각하기 때문에 발생합니다. 생각은 '다른 것'이지, '틀린 것'이 아닙니다.

갈등을 해결하기 위해서는 '나도 옳고 당신도 옳다, 다만 다를 뿐이다.'라는 생각을 갖는 것이 중요합니다.

'다른 것'과 '틀린 것'의 의미는 똑같지 않습니다. '다르다'의 사전적 정의는 '비교가 되는 두 대상이 서로 같지 않다'이고 '틀리다'는 '셈이나 사실, 이치 따위가 그르게 되거나 어긋나다'입니다. 이처럼 '다르다'와 '틀리다'는 뜻과 쓰임이 다릅니다.

우리는 종종 이 차이를 구별하지 못해 오해나 갈등을 불러일으킵니다. 나와 의견이 다른 것을 틀린 것으로 인식해 자신의 주장만 옳다고 고집하기 때문이지요.

그러나 다른 것은 틀린 것이 아닙니다. 서로 생각하는 관점에 차이가 있을 뿐, 잘못된 것이 아닙니다. 사람들은 대부분 자신의 의견과 다른 것은 틀린 것으로 여기는 경우가 많습니다. 이는 매우 독선적인 사고방식입니다.

'다름'을 인정하지 못하고, 옳고 '그름'만 따지는 행위는 수많은 갈등을 유발합니다. 이러한 행위는 다른 사람에게 마음의 상처를 주기도 하고, 갈등의 골을 깊어지게 합니다.

성격은 원래 다른 것이다

"행복한 결혼은 완벽한 부부가 만났을 때 이뤄지는 게 아니다.
불완전한 부부가 서로의 차이점을
즐거이 받아들이는 법을 배울 때 이뤄지는 것이다."

— 데이브 모이러

시대와 가치관의 변화에 따라 이혼 사유도 다양해지고 있습니다. 과거에는 가정 폭력, 배우자의 외도, 부당한 대우, 육아 문제, 경제 문제 등이 이혼 사유의 대부분을 차지했습니다. 하지만 최근에는 성격 차이로 인한 이혼이 45.5%로 경제적인 문제(12.4%), 배우자의 부정(8.2%), 가족 간 불화(7.1%), 정신적·육체적 학대(4.7%) 등의 이혼 사유 가운데 가장 높은 비율을 차지했다고 합니다. 더욱 심각한 것은 '성격 차이'가 수년째 상위권을 차지하고 있다는 사실입니다. 이혼을 선택하는 부부의 상당수가 특별한 문제보다는 상대방의 성격, 가치관 차이를 견디지 못하고 이혼을 선택하고 있는 셈이죠.

성격이 맞지 않는 것은 당연한 사실입니다. 이 세상에는 성격이 비슷해도 헤어지는 부부가 있고, 성격이 정반대인데도 오랫동안 잘사는 부부가 있습니다. 따라서 성격이 잘 맞지 않아서 이혼하는 것이라고 생각한다면 한 번쯤 서로를 이해하려는 노력이 부족하지는 않았는지, 상대방에게 나의 성격에 맞추라고 강요하지는 않았는지 되돌아볼 필요가 있습니다.

성격은 원래 다른 것이므로 대화를 하면 어느 정도는 간극이 좁아지긴 하지만 근본은 변하지 않습니다. 부부의 성격은 서로 원래대로 돌아가려는 성질이 있기 때문에 서로를 인정하고 받아들이는 노력이 없으면 둘 사이의 관계가 힘들어집니다.

하지만 대부분 사람들이 오래 살다보면 성격이 잘 맞을 거라는 희망을 안고 사는데, 세월이 흐를수록 그것이 불가능하다는 것을 깨닫게 되고 갈등이 생기기 시작하면서 고통스러운 나날을 보내게 됩니다.

연애 때나 신혼 초에는 서로 성격이 잘 맞는다고 생각하지만 싸움을 하다 보면 점차 성격의 차이를 실감하게 됩니다. 이때 상대방의 성격을 있는 그대로 받아들이지 않으면 헤어지고 싶다는 생각을 하게 되는 것입니다.

또 한 가지 문제는 성격이 다르다는 것을 서로가 받아들이려면 서로 적당한 선에서 타협하거나 양보해야 하는데, 아무도 그걸 하지 않으려 한다는 것입니다. 내가 상대를 바꾸려고 하거나 상대방이 내 기준에 양보해주길 바라는 것처럼 상대방도 나와 똑같은 생각을 한다는 것을 알아야 합니다.

많은 부부가 이 문제를 해결하려면 부부 중 한 사람이 상대방에게 맞추면 될 것이라 생각하지만, 이는 쉬운 일이 아닐 뿐만 아니라 불가능에 가깝습니다. 물론 노력을 한다면 조금은 나아질 수 있겠지만 나와 배우자가 모든 면에서 완전히 같아질 수는 없습니다. 또 최근에는 부부 사이에서도 각자의 개성이나 성격 차이에 대한 인식이 변하면서 이런 방법이 적절하지 않다고 생각을 하는 사람들이 늘어나고 있는 추세입니다.

그렇다면 이러한 문제를 해결하는 방법은 무엇일까요? 그것은 바로 애초에 성격은 원래 다른 것이고, 상대방의 성격은 바뀌지 않는다는 것을 인정하는 것입니다. 이를 인정해야만 답을 찾을 수 있습니다.

또는 '부부간의 갈등은 성격 차이 때문에 생기는 것이 아니라 둘이 함께 살아가면서 생기는 마찰일 뿐'이라고 생각하는 것도 한 가지 방법이라 할 수 있습니다. 성격 차이로 인한 부부간의 갈등은 이해의 폭을 넓혀야만 해결할 수 있습니다.

내가 변하면 배우자도 변한다

"어진 부인은 남편을 귀하게 만들고,
악한 부인은 남편을 천하게 만든다."

– 명심보감

우리가 익히 알고 있듯이 부부 사이에 중요한 덕목에는 사랑, 신뢰, 배려, 존중 등이 있습니다. 몰라서 하지 못하는 것이 아니라 하지 않아서 못하는 것입니다. 머리로는 알지만 가슴으로는 실천하지 못하는 것이지요. 결혼 초기에는 이런 덕목을 지키고자 노력하고 대체로 잘 지키기도 합니다. 하지만 점차 시간이 흐르면서 사랑이 변하고, 신뢰감이 떨어지고, 배려심이 생기지 않고, 상대방을 존중하지 않게 됩니다.

사람의 일이라 어쩔 수 없는 부분이 있지요. 가장 심각한 것은 문제를 해결하지 않고 그냥 내버려두는 것입니다. 대부분의 인간사가 그러하듯 문제를 방치하면 큰 화가 돼 돌아옵니다. 문제를 해결하려고 노력하는 것이 바로 변화의 시작인 것입니다.

서로 사랑해서 결혼을 했지만 몇 년이 지나고 나면 어느새 서로에게 익숙해져서 말 그대로 '가족'이 돼 버립니다. 바로 여기에 함정이 있습니다. 어느 순간 '배우자'가 아니라 '가족'이 되면 상대방의 장점보다는 단점이 크게 보이기 시작합니다. 이것이 바로 서로에게 익숙해졌다는 증거이겠지요.

이 세상에 단점 없는 사람은 없습니다. 결혼 생활을 하면서 배우자의 단점을 고쳐보려고 애를 쓰면 서로 감정만 상할 뿐입니다. 상대를 변화시키려 할수록 갈등의 골만 깊어지는 법이지요.

사람은 길들이는 존재가 아닙니다. 자기중심적인 사람은 상대가 자기 입맛대로 해주기를 바랍니다. 자기밖에 모르고 남을 배려하는 마음은 눈꼽만큼도 없습니다. 잘하는 건 보이지 않고 못하는 것만 크게 보입니다.

'사람들이 이래서 이혼, 이혼하는구나'라는 생각이 절로 듭니다. '이제 그만 포기할까?'하다가 문득 이런 생각이 듭니다.

"지난 30년 동안 나도 못 고친 것을 남편(아내)이 고칠 수는 없겠지?" "그럼 나부터 고쳐보면 어떨까?"

이렇게 마음을 먹는 순간 부부관계는 180도 달라집니다. 배우자도 사람인지라 상대방이 조금씩 변하는 모습을 보고 변하지 않을 재간이 없습니다.

부부는 서로 더해주는 관계가 아니라 보완해주는 관계입니다. 다시 말해 서로의 부족한 점을 채워주는 관계이지요. 내가 필요한 이유는 남편(아내)에게 부족한 면이 있기 때문입니다. 다른 사람의 손길이 불필요할 만큼 완벽하다면 혼자 살지 결혼은 하지 않았겠지요.

내가 가진 것이 상대에게 없고 상대가 가진 것이 내게 없는 법입니다.

결혼은 완벽한 두 사람이 만나는 것이 아닙니다. 뭔가 부족한 사람들이 만나 완벽을 향해 나아가는 것입니다. 나는 완벽한데 상대방은 그렇지 못하다고 생각하니 갈등이 생기는 것입니다.

정말 사랑한다면 상대방의 잘못을 덮어주는 맛도 있어야 합니다. 잘못이 있어야 '사람 냄새'가 나는 법이니까요. 상대방의 잘못을 덮어주고 내가 먼저 변하는 것이 행복한 결혼 생활의 핵심입니다.

일어나지 않은 일을 걱정하지 말자

"지금 우리의 임무는 희미하고 불확실한 미래의 일을 걱정하기보다
당장 눈앞에 펼쳐진 확실한 일에 집중하는 데 있습니다."

- 윌리엄 오슬로경

사람은 일반적으로 '아직 일어나지도 않은 일'에 대해 걱정하는 경향이 있습니다. 미래의 불확실한 일과 예상되는 일을 미리 걱정한다고 해서 특별히 좋아지는 것은 없습니다. 따라서 이러한 걱정만 우리 머릿속에서 떨쳐버릴 수 있다면 걱정하며 살만한 일은 그다지 많지 않을 것입니다. 실제로 일어나지도 않을 일을 걱정하는 것은 생활의 여유와 즐거움을 빼앗아갑니다. 따라서 아직 일어나지 않은 일에 대한 걱정보다는 현재 상황에 집중할 필요가 있습니다. '어니 젤린스키'의 저서 『모르고 사는 즐거움』이라는 책에는 다음과 같은 문구가 나옵니다.

"걱정의 40%는 절대 현실로 일어나지 않는다. 걱정의 30%는 이미 일어난 일에 대한 것이다. 걱정의 22%는 사소한 고민이다.

걱정의 4%는 우리 힘으로는 어쩔 도리가 없는 일에 대한 것이다. 걱정의 4%는 우리가 바꿔놓을 수 있는 일에 대한 것이다."

노벨 문학상 수상자인 조지 버나드 쇼는 "괴로워지는 데도 비결이 있습니다."라고 말했습니다. 이 말은 '자신의 행복과 불행에 대해 불필요하게 자꾸 생각하지 말라'는 뜻입니다.

심리학에서는 아무리 뛰어난 사람이라도 한 번에 한 가지 이상의 것을 골똘히 생각한다는 것은 불가능하다고 합니다. 어차피 한 가지밖에 생각하지 못한다면 일어나지 않을 일보다는 현재 일어난 일에 몰두하는 것이 훨씬 생산적일 것입니다.

걱정은 걱정을 낳고, 걱정을 한다고 해서 걱정이 사라지는 것이 아닙니다. 오히려 눈덩이처럼 불어납니다. 걱정은 작은 돌멩이 하나도 옮길 수 없을 만큼 무의미한 것입니다. '일어나지 않을 일'을 걱정하면 실제로 그 일이 일어나기도 합니다. 지나간 과거에 대한 집착과 미래에 대한 걱정은 현재를 망칩니다.

걱정은 누구나가 하는 정상적인 현상입니다. 교통사고가 나서 죽을 고비를 넘긴 사람은 차를 탈 때마다 불안하고, 실연을 당한 사람은 새로운 사람을 만날 때 또 실연을 당할까봐 불안합니다. 또한 한 번 다리를 다치면 평상시에는 괜찮다가 날이 흐리면 욱신욱신 쑤시듯 평상시에는 괜찮다가 비슷한 상황에 직면하면 과거의 상처가 생각나기도 합니다.

이와 같이 일어나지 않는 미래의 일을 자꾸 상상하거나 과거의 일을 자꾸 떠올리면 자연스럽게 걱정이 생기게 됩니다.

부부간의 관계에서 자존감이 떨어진 나머지 상대방이 나의 행동에 전혀 신경을 쓰지 않는데도 '내가 이것을 하면 상대방이 나를 질책하지 않을까?'라는 막연한 걱정도 하지 말아야 합니다. 이러한 생각은 정상적인 부부관계를 저해하고 상대방의 정상적인 반응에도 예민하게 반응하게 됨으로써 작은 말다툼이 큰 싸움으로 비화되기도 합니다.

행복하려면 어떻게 해야 할까요? 과거, 미래가 중요한 것이 아니라 바로 지금이 중요하다는 것을 깨닫고 현재의 삶에 충실하면 되는 것입니다. 과거는 과거일 뿐 현재가 행복하면 미래도 행복해질 것입니다.

나를 위한 취미 하나는 갖자

"씻고 먹고 마시고 일하고 자는 일 외에 어떤 기대나 계산 없이
희망도 절망도 없이 자발적으로 매일 빠지지 않고
조금씩 하는 '그것'이 당신이 누구인지 말해준다."

– 아이작 디네센

우리는 매일 똑같은 일상을 반복하고 있습니다. 시간이 어떻게 흘러가는지도 모른 채 하루하루를 보내고 있는 것이지요. 이 지루한 일상 속에서 어떻게 살아야 행복을 느낄 수 있을까요? 정답은 없지만 시도해볼 만한 것은 있습니다. 그것은 바로 취미를 갖는 일입니다.

사람들은 시간이 없다는 이유로 정신적인 여유가 없다는 이유로 차일피일 미룹니다. 시간은 내기 나름이고, 정신적인 여유는 노력하기 나름입니다.

우리 주변에는 캘리그래피, 운동, 공연, 연극, 영화, 오페라, 독서 등 취미로 삼을 만한 것이 많습니다. 취미를 선택할 때 가장 중요한 것은 '일상의 걱정을 내려놓고 그 활동 자체에 완전히 몰

입하고 즐길 수 있는가?'입니다.

취미는 어떠한 목적이 있는 것이 아니라 그냥 좋아서, 즐거워서, 행복해서 하는 일이어야 합니다. '한 달에 책 한 권 읽기'와 같은 것은 취미라고 볼 수 없습니다. 목표를 달성해야 한다는 강박관념이 자신을 지배하기 때문이지요.

취미는 금전적인 목적이 아닌 기쁨을 얻는 활동이라고 할 수 있습니다. 취미는 즐길 수 있고, 지속성이 있으며, 돈벌이를 목적으로 하는 직업과 구별된다는 특징이 있습니다.

천재 물리학자 아인슈타인의 취미는 '바이올린 연주'였습니다. 아인슈타인의 어머니는 전문 피아니스트였기 때문에 아들이 자신처럼 음악을 사랑하길 바랐습니다. 그래서 아인슈타인이 6살 때 바이올린을 가르치시기 시작했는데, 초기에는 관심이 없다가 아인슈타인이 13살이 되던 해에 모차르트의 음악에 매료돼 바이올린에 심취했다고 합니다. 그는 "나의 방, 책상과 의자, 바이올린! 행복을 위해 이 세 가지 외에 무엇이 더 필요하단 말인가!"라고 말할 정도로 바이올린을 사랑했습니다.

취미를 갖는다는 것은 인생에 있어 여러 가지 의미가 있습니다. 취미는 일상생활의 활력소이자 탈출구라고 할 수 있습니다. 만약 취미가 다른 사람과 어울려 할 수 있는 것이라면 같은 공감대를 가진 사람들 속에서 즐거움을 얻을 수 있고, 혼자서 하는 일이라면 정신적인 만족감과 마음의 안정을 얻을 수 있습니다.

취미라고 해서 반드시 밖에서 활동을 해야 한다거나 누군가를 만나야 할 필요는 없습니다. 자신이 평소 관심이 있고 흥미가 있다면 사소한 것이라도 취미가 될 수 있습니다. 취미가 자신의 커리어에 도움이 되거나 경제적인 도움이 되는 경우도 있지만, 이는 취미로 인해 일어나는 부수적인 일에 불과할 뿐이므로 취미 자체에 의미를 두는 것이 좋습니다.

취미 활동은 뇌 건강에도 영향을 미칩니다. 일상에서 단순하게 반복되는 노동은 뇌 건강에 나쁜 영향을 주는데 그림, 악기 연주 등 예술적 취미 생활은 활동량이 부족했던 우뇌 부분을 자극해 건망증을 유발하는 베타파를 감소시키고, 두뇌 활동에 좋은 알파파를 증가시켜 뇌 손상을 줄이는 효과가 있습니다. 취미 활동은 인지력을 향상시켜 치매 예방에도 도움이 됩니다.

또한 규칙적인 취미 생활은 신체 리듬을 유지하는 데도 중요한 역할을 합니다. 신체 리듬이 깨지면 면역력이 약해지고 쉽게 피로를 느끼게 되는데, 취미 생활은 반복되는 일상에 활력이 되기 때문에 무기력하게 보내는 시간을 줄이고 삶을 풍요롭게 만들 수 있습니다.

무한 반복되는 가정생활, 남편 또는 자녀들과의 관계 등과 같은 틀에 박힌 생활은 부부간의 권태기를 앞당기고 갈등을 심화

시키는 원인이 되기도 합니다. 취미는 이러한 부작용을 해소하고
이혼을 미연에 방지하는 데 많은 도움이 됩니다.

부부가 행복해지기 위한 조건은 무엇일까?

"결혼은 서로 즐기기 위해 만들어낸 것이 아니라
창조하고 건설하기 위해 만들어낸 결합이다."

– 알랭

행복해질 수 있는 조건은 사람마다 다릅니다. 돈이 없는 사람은 돈, 건강을 잃은 사람은 건강을 행복의 조건으로 꼽을 것입니다. 그렇다면 부부의 행복을 위한 조건에는 어떤 것들이 있을까요?

　첫째, '건강'입니다. 건강은 모든 활동의 기본 요소입니다. 건강을 잃으면 모든 것을 잃게 됩니다. 따라서 평소에 건강을 위한 노력을 기울여야 합니다. 신체적으로도 건강해야 하지만, 정신적으로도 건강해야 합니다. 신체적인 건강은 인간의 힘으로는 어쩔 수 없는 부분이 있지만, 정신적 건강은 노력 여하에 따라 얼마든지 유지할 수 있습니다. 하지만 정신적 건강은 눈에 띄지 않기 때문에 항상 주의를 기울여야 합니다.

　둘째, '인간관계'입니다. 사람은 인간관계 속에서 마음의 안정을 얻고 존재의 이유를 찾습니다. 따라서 나이가 들수록 인간관계에 많은 신경을 쓰는 것이 좋습니다. 행복하게 살고 싶은 부부라면 주변 사람과 친밀한 관계를 유지하고 취미 생활을 함께하는 것이 중요합니다.

셋째, '경제력'입니다. 부부생활에 경제력이 뒷받침되지 않으면 큰 어려움에 처할 수밖에 없습니다. 과거에는 자식이 노후 대책이었지만 이제 자식에게 손을 벌리는 시대는 지났습니다. 따라서 나이가 들어서도 홀로 설 준비를 해야 합니다.

넷째, '배려'입니다. '당신은 날 사랑하니까 나를 위해 뭔가를 해줘야 한다' 식의 접근은 바람직하지 않습니다. 상대방이 자신을 위해 헌신하지 않는다는 이유로 비난해서도 안 됩니다. 배려와 헌신은 스스로 행하라는 말이지, 남에게 강요하라는 말이 아니기 때문입니다.

다섯째, '관심'입니다. 부부간의 관심은 그 어떤 관계에서보다 중요합니다. 상대방이 무엇을 원하는지, 어떤 것을 좋아하는지를 알아야 사랑을 표현할 수 있기 때문입니다. 말로 하는 사랑은 얼마든지 할 수 있지만, 관심은 노력을 기울이지 않으면 결코 얻을 수 없는 신기루와 같은 것입니다. 상대방을 안다는 것은 모든 관계의 시작입니다.

여섯째, '존중'입니다. 남자와 여자는 결혼을 하기 전까지 서로 다른 가정환경에서 자라났습니다. 따라서 가치관이 다를 수밖에 없지요. 두 사람이 만나 함께 산다고 해서 하루아침에 서로에게 맞는 사람으로 거듭날 수는 없습니다. 나와 다른 환경에서 성장한 상대방의 생각과 가치관을 인정하고 받아들이는 것이 바로 존중이자, 행복한 결혼 생활을 영위하는 지름길입니다.

일곱째, '적당히 속아주기'입니다. 결혼해서 살다 보면 본의 아니게 상대방에게 거짓말을 하게 되는 경우가 있습니다. 설사 당시에는 모르고 넘어갔더라도 나중에 거짓말한 것을 알게 되면 화가 납니다.

하지만 한편으로 생각해보면 거짓말을 하게 된 상황이 있을 것이고, 그럴 수밖에 없었던 이유가 있을 것입니다. 이럴 때 살짝 눈감아준다면 상대방이 더욱 미안해할 것입니다. 따지고 들수록 두 사람의 관계는 악화될 것입니다. 나쁜 의도를 가지고 한 거짓말이 아니라면 적당히 속아주는 아량도 베풀 줄 알아야 서로에게 멋진 배우자가 될 것입니다.

여덟째, '자유 시간 주기'입니다. 매일 다람쥐 쳇바퀴 도는 듯한 생활을 하다 보면 일상이 지루해지고 무력감을 느끼게 마련입니다. 주5일을 일하고 주말에 쉬듯이 부부생활에도 휴식이 필요합니다. 남편으로서의 역할, 부인으로서의 역할을 잠시 내려놓고 자유 시간을 갖도록 배려하는 것도 행복한 가정을 유지하는

데 많은 도움이 됩니다.

아홉째, '솔선수범'입니다. 원만한 부부생활을 유지하기 위해서는 '내가 먼저'라는 인식이 필요합니다. 내가 나서서 뭔가를 하면 집안이 두루 편안해집니다. 귀찮아서, 자존심 때문에, 하기 싫어서 누군가 해도 해야 할 일을 등한시하면 반드시 문제가 생깁니다.

문제가 생겼을 때 뒤처리를 하는 것보다는 문제가 생기기 전에 나서서 해결하는 것이 훨씬 효율적입니다. 누구나 집안의 대소사를 챙기기 귀찮고 집안일을 하기 싫어하지만 누군가 해야 할 일이고, 어차피 해야 할 일이라면 내가 나서서 하는 것이 속이 편합니다.

부부싸움 중 절대 하지 말아야 할 열 한 가지

"부부는 쇠사슬에 함께 묶인 죄인이다.
그렇기 때문에 발맞춰 걷지 않으면 안 됩니다."

- 고리키

부부의 연을 맺은 남녀라면 누구나 논쟁이나 말다툼을 합니다. 이는 건강한 관계를 유지하는 기반이 되기도 하지만, 사이가 나빠지는 원인이 되기도 합니다. 부부 사이에 논쟁이 벌어졌을 때는 다음과 같은 말과 행동은 삼가야 합니다.

첫째, '과거의 실수 또는 현재의 논쟁과 관련이 없는 일을 들춰내 상대방 공격하기'입니다. 함께 보낸 세월이 긴 부부일수록 상대방이 어떤 부분에 민감한지, 무엇 때문에 쉽게 상처받는지를 잘 알고 있습니다. 만약 이런 부분을 의도적으로 건드리려고 한다면 두 사람의 관계에 금이 가기 시작했다는 의미라고 할 수 있습니다.

둘째, '논쟁 중 자리 뜨기'입니다. 문제가 해결되지 않은 상태에서 자리를 뜨면 둘 사이에 오해가 쌓일 위험성이 높아집니다. 또한 혼자 남겨진 상대방은 혼란과 외로움 등의 감정을 느낄 수 있습니다. 일반적으로 자리를 뜨는 이유는 자신이 분노를 표출할까 두렵거나 상황을 감당하기 어렵기 때문입니다. 자리를 뜰 때는 상대방에게 잠깐의 휴식을 제안하거나 양해를 구하는 것이 좋습니다.

셋째, '빨리 결론을 지으려는 태도'입니다. 이러한 태도를 취하는 이유는 상황을 마무리 지어야 한다는 압박감 때문입니다. 성급하게 의견 합치를 내리거나 결론을 지으면 상대방이 감정적으로 대응할 위험이 높아집니다. 화가 난 상태에서는 합리적이고 논리적인 판단을 내리기 어렵습니다. 따라서 마음의 여유가 생겼을 때 결론을 내리는 편이 좋습니다.

넷째, '내가 이겨야 한다는 생각'입니다. 부부 사이의 논쟁은 둘 중 한 명이 이기고 지는 경쟁이 아닙니다. 하지만 대부분의 부부는 서로 이기기 위해 노력합니다. 이 경우에는 서로의 생각이 다를 수 있음을 인정하고 서로 타협점을 찾으려는 노력이 필요합니다.

다섯째, '문자 메시지로 해결하기'입니다. 우리 주변에는 논쟁이나 싸움으로 껄끄러워진 분위기를 문자 메시지로 해결하려는 사람들이 의외로 많습니다. 하지만 문자를 통해서는 말투, 목소리, 표정, 제스처 등이 제대로 전달되지 않기 때문에 오해를 살수도 있습니다. 상대방과의 논쟁은 가능한 한 얼굴을 보면서 하는 것이 가장 좋습니다.

여섯째, '자신의 의도 설명하기'입니다. 자신이 어떤 단어를 사용했든, 어떤 행동을 했든 나쁜 의도는 없었다며 변명하기에 급급한 사람은 비록 좋은 의도였다 하더라도 이미 상대가 상처를 받았다면 사과를 해야 합니다. 상대방은 나의 숨은 의도보다 겉으로 드러나는 말과 행동에 보다 민감할 수 있다는 점을 항상 기억해야 합니다.

일곱째, '모든 것이 네 탓이라 생각하기'입니다. 부부 사이에 일어나는 일은 쌍방의 잘못으로 인한 것이 많습니다. 설사 어느 한쪽의 잘못으로 일어난 일이라 해도 모든 잘못을 상대방의 탓으로 돌리게 되면 반감이 생기게 마련입니다. 자신도 이전에 잘못한 적이 있고 앞으로도 잘못을 저지를 수 있다는 생각을 해야 문제를 해결할 수 있고, 부부 사이에서 일어나는 일은 '내 탓', '네 탓'이 아니라 '우리 탓'이라고 생각해야 문제의 본질에 접근할 수 있습니다.

여덟째, '상대방의 부모나 가족 이야기를 들춰내기'입니다. 누구에게나 자신의 부모와 가족은 소중하고 중요합니다. 결혼을 했다고 해서 상대방의 가족을 평가하거나 비난할 권리가 생기는 것은 아닙니다. 상대방의 가족에 관련된 이야기는 매우 민감한 영역에 속합니다. 특히 이런 이야기는 신중을 기해야 합니다. 우리 주변에는 하지 않아도 될 말, 해서는 안 될 말이 빌미가 돼 이혼이라는 파국을 맞는 사람들이 많다는 것을 명심해야 합니다.

아홉째, '경제력(직업)에 관해 이야기하기'입니다. 사람에 따라 돈을 벌 수 있는 능력이 다릅니다. 돈을 버는 능력은 자신의 노력 여하에 따라 달라지기도 하지만, 운도 작용하기 때문에 돈을 많이 버는 사람은 능력이 있고, 그렇지 못한 사람은 능력이 없다고 평가해선 안 됩니다. 그 사람은 자신의 능력에 맞게 최선을 다하고 있는 것이기 때문입니다.

돈을 많이 벌든 적게 벌든, 좋은 직업을 갖고 있든 그렇지 않든 현재의 상황이 그 사람에게 주어진 '베스트'라는 것을 인정해야 합니다. 이를 인정하지 못하고 자꾸 언급하면 불화가 생깁니다. 이 세상에 돈을 벌고 싶지 않고 좋은 직업을 갖고 싶지 않을 사람은 없을 테니까요.

열째, '112 부르기'입니다. 주지하는 바와 같이 112는 범죄 신고 전화번호입니다. 그런데 112를 부부싸움에 이용하는 사람들이 있습니다. 이는 상대방을 범죄자 취급하는 것과 같습니다. 아무리 감정의 골이 깊다고 해도 두 사람의 문제는 집 안에서 해결해야 합니다. 문제는 해결하고 작게 만드는 것이 최선이지, 불거지게 하고 더 크게 만드는 것이 최선이 아닙니다. 부부싸움이 자랑이 아닐진데, 문제를 크게 만들어서 좋을 건 없습니다.

열한째, '시댁(처가)에 전화하기'입니다. 부부 사이에 일어난 일을 상대방의 부모까지 알게 하는 일은 '짚을 이고 불에 뛰어드는 것'과 같은 무모한 일입니다. 상대방이 자기 집에 전화를 걸어 부부 사이에 있었던 일을 이야기했다고 생각하면 이 말이 무슨 뜻인지 쉽게 이해할 수 있을 것입니다. 이러한 상황에 놓였을 때 자신이 느꼈던 기분을 상대방도 느낄 것이기 때문입니다. 시댁(처가)에 한 이야기는 아무리 사소한 이야기라도 눈덩이가 돼 다시 돌아옵니다. 아무리 며느리(사위)의 잘못이 없다 하더라도 자기 자식의 편을 들 수밖에 없는 것이 인지상정입니다. 작은 일이든, 큰 일이든 부부 사이의 일이 담 밖으로 넘어가는 일은 결코 해선 안 될 것입니다.

부부끼리 한 침대에서 자기만 해도 건강해진다

"아내의 덕행은 친절히 보고 아내의 잘못은 못 본 척하라.
아내이자 친구인 사람이 진짜 아내이다."

– 윌리엄 펜

부부의 사생활에서 일정한 거리를 유지하는 것은 원만한 부부생활에 도움이 되지만, 코를 골거나 잠을 자기가 편하다는 이유 등으로 부부간에 잠자리를 달리하는 것은 바람직하지 않습니다. 잠자리를 달리하는 것이 자칫하면 별거로 이어질 수 있기 때문입니다. 단정 지을 수는 없겠지만 별거가 지속되면 이혼의 확률도 그만큼 높아집니다.

잠자리를 달리하는 것은 육체적, 심리적 거리가 멀어지는 것을 의미하기 때문에 한 지붕 아래에서 잠자리를 달리한다고 해도 엄밀한 의미에서 별거라고 할 수 있습니다. 잠자리를 달리하는 기간이 길어지면 심리적 거리가 생기는 것은 물론, 혼자 살아가는 것이 편하고 익숙해져 실제 이혼으로 이어지기도 합니다.

부부가 한 침대에서 생활하지 않는 것은 이러한 이유 외에도 건강에도 많은 영향을 미칩니다. 부부가 같은 침대에서 자는 것만으로도 건강해진다는 연구 결과가 이를 뒷받침합니다. 이 연구 결과에 따르면, 부부가 잠을 함께 자면 안전하다는 느낌이 들면서 스트레스 호르몬인 코르티솔 수치가 낮아진다고 합니다.

한편 미국 피츠버그대학 심리학과 '웬디 트록셀 교수'는 "사랑하는 사람끼리 침대를 함께 쓰면 염증을 유발하는 사이토카인cytokines의 수치는 줄어드는 반면, 수면-기상 사이클과 관계된 뇌 영역에서 분비돼 불안감을 완화시켜주는 이른바 '사랑 호르몬'인 옥시토신oxytocin 분비를 늘려주는 효과가 있는 것으로 나타났다."고 밝혔습니다.

인간은 적응의 동물이기 때문에 부부싸움을 했더라도, 잠자리가 다소 불편하더라도 한 침대를 사용하면 어느 순간 불편함이 사라집니다. 또한 이러한 과정을 통해 서로의 존재를 인식하게 되고, 안정감을 느끼게 되는 등의 효과도 있습니다. 부부가 한 침대를 사용하는 것은 건강을 유지하는 데도 도움이 된다는 사실을 잊지 마시길 바랍니다.

짜릿한 부부관계를 되살리는 여덟 가지 방법

"남의 취향에 맞는 아내(남편)가 아니라
자신의 취향에 맞는 아내(남편)를 구하라."

- 루소

달콤하기만 했던 신혼 시절을 오랫동안 유지하는 부부는 얼마나 될까요? 시간이 지나면서 서로에 대한 관심이 줄어드는 것은 어쩔 수 없는 현실입니다. 미국의 폭스 뉴스가 밝힌 '부부가 예전의 관계를 회복할 수 있는 방법'은 다음과 같습니다.

첫째, '함께 요리하기'입니다. 연구 결과에 따르면 여성들은 낯선 곳에서 먹고 노는 것보다 집에서 영양분 있는 음식을 먹을 때 훨씬 더 행복해하는 것으로 나타났습니다. 맛있는 건강식을 함께 요리해서 오붓한 식사 시간을 가지면 상대방에 대한 만족도가 상승할 것입니다.

둘째, '경기장 함께 가기'입니다. 야구장을 함께 가는 남녀는 그렇지 않은 남녀보다 오랫동안 커플 관계를 유지한다는 연구 결과가 있습니다. 스포츠를 함께 관전하다 보면 영화를 보는 것과 달리 얘기도 많이 나누게 되고 관계가 돈독해집니다.

셋째, '애들처럼 놀기'입니다. 공으로 맞히기 놀이나 오락실 게임 등 자신이 10살 때 즐겼던 놀이가 지금도 즐거움을 줄 수 있습니다.

넷째, '상대방 놀리기'입니다. 페인트 총을 쏘기 게임 등과 같은 경쟁적인 활동은 성 충동 호르몬 분비를 촉진시킨다는 연구 결과가 있습니다.

다섯째, '두려운 것에 도전하기'입니다. 한 연구에 따르면 함께 롤러코스터를 탄 여성은 남자에게 더 많은 매력을 느끼는 것으로 조사됐습니다. 아드레날린의 급작스러운 증가는 여성이 흥분을 느낄 때와 유사한 반응을 일으키기 때문입니다.

여섯째, '춤이나 운동 등 함께 땀을 흘릴 수 있는 육체적 활동'입니다. 운동을 하면 체온이 서서히 올라가고 우리 몸은 올라간 체온을 내리기 위해 땀을 흘립니다. 그런데 운동을 할 때 흘리는 땀과 사우나를 할 때 흘리는 땀, 더운 여름철에 흘리는 땀은 어떤 차이가 있을까요?

운동을 통해 흘리는 땀과 사우나 또는 더운 여름에 흘리는 땀은 양과 구성 성분이 다릅니다. 운동으로 땀을 흘리면 혈액순환과 함께 땀이 체온 상승을 막아주면서 몸속에 쌓인 노폐물이

땀을 통해 배출되지요. 하지만 사우나에서 흘리는 땀과 더운 여름에 흘리는 땀은 막대한 수분 손실로 탈수 현상을 유발해 건강에 나쁜 영향을 미칩니다.

부부가 이처럼 춤 또는 운동 등으로 땀을 흘리는 육체적 활동을 함께 하게 되면 이처럼 건강에도 도움을 줄 뿐 아니라 부부가 함께하는 시간, 부부간 대화도 늘어납니다. 춤 또는 운동에 대한 주제뿐 아니라 다양한 주제로 자연스럽게 이야기를 나누게 됩니다. 또한 춤 또는 운동을 하면서 상대방의 인성도 알게 되고, 서로간의 자극이 되기도 하지요.

일곱째, '집 또는 자동차 사기, 여행 가기 등과 같은 공동 목표 설정하기'입니다. 대부분의 사람들은 좋은 집을 사거나 멋진 자동차를 사거나 여행을 가는 것을 좋아합니다. 부부 사이에 이처럼 공동의 목표가 생기면 목표를 향해 노력하는 과정에서 서로 협력하게 되고, 이해도가 높아집니다. 조금씩 목표를 향해 나아갈 때마다 상대방에 대한 관심과 감사한 마음이 생기게 돼 애정도가 급상승합니다.

여덟째, '나는 화법'입니다. '나는 화법'이란 평소 대화를 "너는 왜 그러니?"가 아니라 "나는 이랬으면 좋겠어."식으로 바꾸는 것을 말합니다. 이처럼 대화를 '나는'으로 시작하면 상대방이 경계심을 풀게 되고 '나를 배려하는구나.'라는 느낌을 갖게 됩니다. 상대방으로 하여금 어떤 주제로든 대화할 수 있도록 해주는 것이지요. 이외에도 주어가 '너는'이 아니라 '나는'이 되면 강요가 아니라 부탁의 뜻이 되고, '부정'이 아니라 '긍정'의 뜻이 됩니다. 주어 하나가 바뀜으로 해서 실로 놀라운 일이 생기는 것입니다.

부부 사이에도 비밀은 필요할까?

"결혼은 명사가 아니라 동사다.
결혼은 얻는 것이 아니라, 실천하는 것이다."

−바바라 디 앤젤리스

이 세상에서 가장 가까운 사이는 부부일 것입니다. 피를 나눈 부모-자식은 일촌一寸이지만, 부부는 무촌無寸인 이유는 바로 이 때문이겠지요. 그래서인지 사람들은 '부부 사이에는 비밀이 없어야 한다'라는 데에 동의합니다.

그러나 아무리 친한 부부 사이라도 다른 사람에게는 보이고 싶지 않고, 말하고 싶지 않은 부분이 있는 법입니다. 모든 것을 공개하자고 말해놓고 자신은 감추고 있거나 상대방을 믿고 털어놓은 비밀을 꼬투리 잡아 시시비비를 가리고자 한다면 차라리 비밀을 간직하고 사는 것이 나을 것입니다.

비밀 유지는 선택의 문제입니다. 비밀이 과거에 관련된 일이든, 현재에 관련된 일이든, 그리고 개인적인 이슈이든 가족과 관련된 아픔이든 자기만 간직하고 싶은 부분이 있는 법입니다.

서로 '저 사람은 나에게 비밀이 없어'라고 믿고 사는 것이 속이 편합니다. '나한테 숨기는 것이 있는 것 같은데?'라고 생각하면 일상이 힘들어집니다.

설사 나중에 숨겨 놓은 비밀을 알게 되더라도 '그럴 만한 사정이 있었겠지'하며 넘어가면 그뿐입니다(그 비밀이 외도와 관련된 것이라면 문제는 달라집니다).

비밀을 말해주지 않았다고 해서 애정이 식은 것도 아니고 배우자로서 존중해주지 않는 것도 아닙니다. '왜 그 얘기 나한테 안 했어? 우리 서로 비밀이 없기로 했잖아! 자기는 나를 사랑하지 않는구나'라는 말은 이 세상 언어가 아니라고 생각해야 합니다. 비밀이 없는 사이는 이 세상에 존재하지 않기 때문이지요.

부부간에 비밀이 필요하다는 것과 더불어 한 가지 유의할 점은 상대방의 모든 것을 알려고 하지 말아야 한다는 것입니다. 이는 구속이자, 간섭이자, 집착입니다. 상대방의 모든 것은 알 수도 없고, 알 필요도 없습니다.

알려고 할수록 상대방은 심리가 위축되고 경계심을 갖게 됩니다. 심지어 의부증, 의처증으로 발전될 위험도 있습니다. 상대방에 대한 지나친 관심이 의부증, 의처증으로 발전하고, 이것이 이혼으로 이어질 수 있으니 굳이 알려고 할 필요가 없을 것입니다.

부부간 문제는 부부 사이에서 해결하자

"부부를 묶는 것은 사슬이 아니라
몇 년 동안 사람을 꿰매는 수백 가닥의 가느다란 실이다."

－시몬 시노래

"(시)어머니, 저 사람은 왜 저래요?"

"응? 왜?"

"도대체 정리하는 걸 몰라요. 잘 씻지도 않고요. 혹시 결혼 전에도 그랬나요?"

"…"

그날 저녁 두 사람은 싸움을 하게 됩니다.

"당신, 왜 그런 얘기를 어머님한테 해?"

"뭐 어때서요. 그게 잘못이에요?"

"그건 우리 둘 사이의 문제잖아. 그 말이 어머님에게는 '자식을 왜 그 모양으로 키우셨어요'라고 들린다는 거 모르냐고. 어머님이 뭐라고 하셨는지 알아? '자기는 얼마나 교육을 잘 받고 자랐다고 시댁에 와서 남편 흉을 보는 게냐?'라고 하셨다고. 이제야 속이 시원해?"

부부 사이의 사소한 충돌이 집안싸움으로 번지고 말았네요. 부부 사이에서 생긴 싸움은 절대 문 밖을 나가면 안 된다는 것을 잘 보여주는 사례라고 할 수 있습니다.

며느리로서도 불똥이 이렇게 튈 줄은 몰랐겠지요. 사람은 모두 각자의 입장에서 듣고 싶은 말만 듣고, 보고 싶은 것만 보게 되는 법입니다. 시어머니의 입장에서는 당연히 아들 욕을 하는 것처럼 들렸겠지요. 당신의 아들을 욕했으니 이젠 그 화살의 방향이 며느리 집안으로 돌아갑니다. 그러다 보면 "내가 너희 둘이 결혼할 때 좀 더 강하게 반대를 했어야 했는데…"라며 십수년이 지난 얘기를 느닷없이 꺼내십니다. 맘에 안 든다는 얘기지요. 그 말을 들은 아들은 "왜 그런 말씀을 하세요."라며 어머니에게 화를 냅니다. 단지 정리를 안 하고 잘 씻지 않았던 사소한 남편의 버릇 때문에 생긴 전쟁이 2차전, 3차전으로 번져 나가기 시작합니다.

만약 아내가 시댁에 가서 이런 말을 꺼내지 않았다면 두 집안 모두 평화로웠을 것입니다. 사소한 말 한마디가 사람의 입을 통해 전해지면서 감정은 감정대로 상하고, 앙금은 앙금대로 남는 상황이 전개된 것입니다.

부부간의 일은 반드시 당사자 선에서 끝이 나야 합니다. 설사 친인척 관계가 아닌 친구나 지인에게 말을 하더라도 언제 어떤 경로를 거쳐 남편의 귀에 들어갈지 알 수 없습니다. 만약 남편이 밖에서 이런 이야기를 들었다면 더 큰 싸움이 났을 것입니다.

부부싸움 후에 싸우게 된 원인을 시댁이나 처가에 알리게 되는 경우에도 득보다는 실이 많습니다. 때로는 이러한 행위가 부부 사이의 갈등을 해결하는 데 도움이 되기도 하지만, 자신들의 의도와 달리 집안 어른들의 싸움으로 비화될 수도 있습니다. 부부간에는 화해를 할지라도 결국 집안끼리의 갈등이 심화돼 이혼으로 이어지는 경우도 있습니다.

아무리 선한 의도로 말을 했더라도 그 말을 듣는 사람은 말하는 사람의 의도까지 전달해주진 않는다는 것을 명심하시고, 입단속을 잘하시기 바랍니다.

2

파경, 진정 행복한 이혼을 꿈꾼다면

"이혼은 혼인의 본래적 목적인 부부의 영속적인

공동생활을 파기하고

사회 기초 단위인 가족의 해체를 초래하는 현상이다."

"바다에 나갈 때는 한 번 고민하고, 전쟁에 나갈 때는 두 번 고민하고, 결혼할 때는 세 번 고민하라."

우리 사회는 불과 수십년 만에 엄청난 발전을 이룩했지만, 이로 인한 폐해도 심각한 수준입니다. OECD 국가 중 자살률 1위, 이혼률 2위라는 성적표는 우리의 또 다른 얼굴이고, 이혼과 가족 해체로 인한 사회적 비용도 연간 13조 원에 육박한다고 합니다. 또한 이혼으로 인해 해체된 가정의 자녀는 건강한 성장·발달을 경험하지 못하고 사회에 부적응하기 쉬우며, 이로 인해 발생하는 아동 빈곤, 범죄, 약물 중독 등과 같은 갖가지 문제를 사회가 감당해야 할 몫으로 남을 뿐만 아니라 이혼 여성의 생활 수준이 급격하게 하향하여 빈곤층으로 전락해 사회적 문제를 유발하고, 가족을 기반으로 한 모든 사회 관계망이 무너지게 되는 문제를 야기하고 있는 상황입니다.

이렇듯 이혼으로 인한 가족 해체는 더 이상 개개인의 문제가 아니며 이혼으로 야기되는 많은 사회적 문제에 대한 사회 복지적 접근이 필요한 상황에 놓인 것입니다.

과연 행복한 이혼은 존재하는 것일까요? 이혼이 어떠한 경우에 최소한의 행복을 가져다줄 수 있는 것일까요? 이혼은 불행했던 혼인관계에서 벗어나는 것뿐 아니라 위자료, 재산 분할, 친권, 양육권, 양육비 부담 등과 같은 법률적 문제를 초래합니다.

손자병법에 '지피지기면 백전불태'라는 병법이 있습니다. 이는 적을 알고 나를 알면 백번 싸워도 위태롭지 않다는 말입니다. 소송도 전쟁과 다름없는 절차입니다. 오죽하면 소송의 다른 표현이 쟁송(여기서 쟁은 戰爭이라는 단어에서 쓰이는 그 쟁(爭: 다툴 쟁))이겠습니까?

2편에서 기술하는 이혼에 관한 법률적 이론들 및 준비사항들은 파경 후 곧 닥치게 될 이혼관련 소송이라는 전쟁에서 최소한의 승리를 얻을 수 있는 무기라고 생각합니다. 지금 이혼을 생각하거나 결심했다면 최소한 이 정도의 내용은 숙지한 후 소송절차에 임하는 것이 좋습니다.

1 협의이혼이란 무엇인가요?

"인간은 사물로 인해 고통 받는 것이 아니라
그것을 받아들이는 관점으로 인해 고통받는다."
－Epictetus.

협의이혼이란, 혼인 파탄의 사유, 즉 재판상 이혼 사유의 존재 유무를 불문하고 부부 양당사자의 자유로운 의사에 따라 혼인 관계를 해소할 수 있는 절차를 말합니다. 다만 협의이혼일 경우에도 미성년자인 자녀가 있을 경우 그 자녀에 대한 양육 문제나 양육비 지급 문제, 면접 교섭 방법 등의 문제까지 합의가 돼어야만 이혼을 할 수 있습니다. 이는 미성년인 자녀를 보호하기 위함인데, 협의이혼을 통해 자녀의 양육권 문제에 관한 합의가 도출되지 아니할 경우 '양육자지정 등 심판청구'를 통해 이를 결정할 수밖에 없습니다.

통상 협의이혼 시에는 위자료와 재산 분할까지 약정하는 것이 일반적입니다. 그런데 문제는 그 과정에서 법률 지식이 부족하거나 마음이 급한 나머지 터무니없는 위자료나 재산 분할 약정을 하는 경우가 많다는 것입니다. 일단 약정을 하고 난 후 비로소 너무 적게 또는 너무 많게 약정한 사실을 알고 마음을 졸이는 경우가 많습니다. 이 경우에는 곧바로 협의이혼 신청을 취하 또는 철회한 후 재판상 이혼을 청구하게 되면 협의시 조건으로 했던 위자료나 재산 분할에 관한 협의는 조건불성취로 인해 효력을 잃게 되므로 너무 걱정할 필요는 없습니다.

한편, 협의이혼 과정에서 법원이 확인해주는 것은 당사자들의 협의이혼의사와 양육권 등에 관한 사항뿐이고 당사자 간 약정한 위자료나 재산 분할까지 확인해 주지는 않습니다. 따라서 협의 이혼 시 위자료나 재산 분할까지 약정한 경우라면 그 내용을 확실히 해둘 필요가 있는데, 이때는 합의된 위자료 및 재산 분할에 관한 내용을 자필로 기재한 협의이혼약정서 2부를 작성한 후 자필로 서명 날인해두면 됩니다. 자필이 아닌 컴퓨터 자판 문서로 작성할 경우에는 자판으로 작성된 약정서 각각에 인감도장을 날인하고 인감증명서를 첨부해두면 됩니다. 실무에서는 그러한 약정서를 공증까지 해야 되느냐는 질문이 많은데, 이를 공증할 필요까지는 없습니다. 그리고 위자료나 재산분할 지급의무는 협의이혼 확인기일까지 모두 이행되는 것으로 해야 하고, 확인기일까지 그 이행이 없으면 협의이혼에 응하지 않는 것이 좋습니다. 막상 이혼신고까지 하고 나면 상대방의 태도가 돌변하는 경우가 많기 때문입니다.

만일, 여러 사유로 협의이혼 당시 위자료 및 재산 분할에 관한 합의를 이루지 못하고 이혼한 경우라면, 이혼이 성립된 후에도 이를 청구할 수 있으므로 너무 걱정할 필요는 없습니다. 다만, 이러한 경우 위자료는 불법행위(남편의 불륜 행각)를 안 날로부터 3년, 불법행위가 있은 날로부터 10년 이내에 청구할 수 있으며, 재산 분할은 이혼한 날로부터 2년 이내에 청구할 수 있습니다. 여기서 이혼을 한 날이란 재판상 이혼의 경우에는 이혼판결이 확정된 날, 협의이혼의 경우에는 협의이혼의사확인서등본을 가지고 실제로 이혼신고를 한 날을 의미합니다.

이렇게 협의이혼에 관한 사항들이 모두 정리될 경우, 협의이혼은 협의이혼을 하고자 하는 부부의 등록 기준지 또는 주소지를 관할하는 가정법원에 신청해야 하며, 부부의 주소가 다른 경우 그중 편리한 곳에 신청하면 됩니다. 협의이혼 시 참고해야 할 사항 중의 하나는 숙려기간입니다. 숙려기간이란, 충동적인 감정을 가라앉히고 이혼과 자녀의 양육에 관한 사항을 다시 한번 생각해보라는 취지로 만들어진 기간입니다. 이러한 숙려기간은 이혼 안내를 받은 날로부터 미성년 자녀가 없는 경우에는 1개월, 미성년인 자녀가 있는 경우에는 3개월입니다.

숙려기간이 지난 후에는 법원에 의해 지정된 확인기일에 출석해 판사로부터 이혼 의사를 확인받아야 하는데, 이때는 반드시 본인의 신분증 및 도장을 지참하고 부부가 함께 출석해야 합니다. 첫 번째 확인기일에 불출석했을 경우에는 두 번째 확인기일을 지정해 통보하는데, 만일 두 번째 확인기일에도 불출석할 경우에는 협의이혼확인신청을 취하한 것으로 간주되므로 유의해야 합니다. 이 경우에는 협의이혼절차를 진행하려는 협의이혼확인신청서를 접수시키는 것부터 다시 시작해야 합니다.

이러한 절차를 통해 법원으로부터 협의이혼 의사가 있다는 것이 확인되면 법원은 부부에게 협의이혼의사확인서등본 1통씩을 교부합니다. 그러면 이를 교부받은 날로부터 3개월 이내에 당사자 일방 또는 쌍방의 등록기준지 또는 주소지 관할 시, 구, 읍, 면사무소에 확인서등본을 첨부해 이혼신고를 해야 하며, 3개월 이내에 이혼신고를 하지 아니할 경우 이혼의사확인서의 효력은 상실됩니다. 또한 협의이혼의사 확인을 받았다고 하더라도 그 과정에서 이혼의 의사가 사라진 경우에는 상대방이 구청 등에 이혼신고를 하기전에 먼저 이혼의사를 철회할 경우에 협의이혼의 효력은 상실됩니다.

2 재판상 이혼 사유란 무엇인가요?

"결혼에서의 성공이란,
단순히 올바른 상대를 찾음으로써 오는 게 아니라
올바른 상대가 됨으로써 온다."

– 브리크너

재판상 이혼이라는 제도는 부부 가운데 어느 일방 당사자는 혼인관계의 유지를 원하여 이혼을 반대함에도 불구하고 타방 당사자가 법률의 규정에 따라 강제로 이혼할 수 있는 제도입니다. 따라서 재판상 이혼을 청구하기 위해서는 협의이혼의 경우와 달리, 반드시 그 일방 당사자에게 민법 제840조에서 정하는 여섯 가지 이혼 사유 중 적어도 어느 하나에 해당돼야 하는데, 이를 재판상 이혼 사유라 합니다.

법이 정하고 있는 여섯 가지 이혼 사유는 다음과 같습니다.

1 배우자의 부정한 행위가 있었을 때

2 배우자가 악의로 다른 일방을 유기한 때

3 배우자 또는 그 직계존속으로부터 심히 부당한 대우를 받았을 때

4 자기의 직계존속이 배우자로부터 심히 부당한 대우를 받았을 때

5 배우자의 생사가 3년 이상 분명하지 아니한 때

6 기타 혼인을 계속하기 어려운 중대한 사유가 있을 때

이 중 이혼의 대표적인 사유인 부정한 행위란, 배우자로서 정조의무에 충실하지 못한 일체의 행위를 말합니다. 이러한 부정행위는 성관계까지 이르름은 물론이고 성관계까지 이르지 않았더라도 배우자로서 정조의무를 위반한 일체의 행위를 말하는 것으로 보면 됩니다. 그리고 부정한 행위란, 혼인 후의 부정한 행위만을 의미하며 혼인 전의 부정한 행위를 이유로는 이혼할 수는 없습니다. 또한 부정한 행위가 있었다고 해서 언제나 이혼청구가 가능한 것은 아니고, 이를 안 날로부터 6월, 그 사유가 있은 날로부터 2년을 경과한 때에는 이혼을 청구하지 못하며 배우자의 부정한 행위가 있었더라도 상대방 배우자가 그 부정한 행위에 대해 사전에 동의를 했거나 사후에 용서를 했다면 부정으로 인한 이혼청구권은 소멸됩니다.

그리고 악의적으로 다른 일방을 유기한 경우란, 배우자가 정

당한 이유 없이 서로 동거, 부양, 협조해야 할 부부로서의 의무를 포기하고, 다른 일방을 저버린 경우를 말하며, 배우자 또는 직계존속으로부터 심히 부당한 대우를 받는 경우란, 혼인관계의 지속을 강요하는 것이 가혹하다고 여겨질 정도의 폭행이나 학대 또는 모욕을 배우자 또는 직계존속으로부터 받은 경우, 예를 들어 정신적 고통을 주는 욕설을 하는 경우, 남편이 처의 전신에 밧줄을 묶어 놓고 간통을 자백하라고 구타한 경우, 이유 없는 폭행 내지 욕설을 일삼다가 전치 10일 이상의 폭행을 가한 경우, 배우자를 정신병자로 몰아 직장생활을 할 수 없게 한 경우, 결혼 지참금이 적다며 배우자를 구타, 욕설한 경우 등을 말합니다.

그 외 대표적인 이혼사유는 혼인을 계속하기 어려운 중대한 사유인데, 이는 부부간의 애정과 신뢰가 바탕이 되어야 할 혼인의 본질에 상응하는 부부 공동생활 관계가 회복하기 어려울 정도로 파탄돼 그 혼인생활의 계속을 강요하는 것이 일방 배우자에게 참을 수 없는 고통이 되는 경우를 말합니다. 판례에서 인정한 사례를 살펴보면, 우선 경제적인 판단의 사유로는 남편의 방탕한 생활, 가계를 돌보지 않고 계를 하는 등의 아내의 문란한 행위, 허영에 의한 지나친 낭비, 가정주부의 거액 도박, 가사를 돌보지 않는 춤바람 등이며, 정신적 파탄의 사유로는 불치의 정신병, 부부간의 애정 상실, 극심한 의처증, 수년간 계속된 별거, 심한 주

벽 또는 알코올 중독, 범죄 행위 및 실형 선고, 신앙의 차이로 인한 극심한 반목, 자녀에 대한 정신적 육체적 학대 내지 모욕 등이며, 육체적 파탄 사유로는 이유 없는 성교 거부, 성적인 불능, 변태 성욕, 성병 감염, 동성연애, 부당한 피임 등이 해당됩니다.

3 유책배우자도 이혼을 청구할 수 있나요?

연애가 결혼보다 즐거운 것은
소설이 역사보다도 재미있는 것과 같은 이유다.

- 샹포르

우리나라 법원은 유책주의를 채택하여 혼인파탄의 책임이 있는
배우자, 즉 유책배우자의 이혼청구를 인용해 주지 아니합니다.
여기서 유책배우자란, 민법 제840조에 규정된 부정한 행위를 한
자, 배우자 또는 배우자의 직계존속으로부터 심히 부당한 대우
를 받은 경우의 상대방, 배우자의 직계존속을 심히 부당하게 대
우한 자, 3년 이상 행방불명이 됐을 때, 기타 혼인을 계속할 수 없
는 중대한 사유를 제공한 자를 말합니다.

대법원이 판결한 유책배우자의 이혼청구를 허용하지 아니하
는 이유는 "혼인제도가 요구하는 도덕성에 배치되고 신의성실의
원칙에 반하는 결과를 방지하고, 중혼관계에 처하게 된 법률상

배우자의 축출이혼을 방지하려는 의도도 있는데, 여러 나라에서 간통죄를 폐지하는 대신 중혼에 대한 처벌규정을 두고 있는 것에 비춰봤을 때 이에 대한 아무런 대책 없이 파탄주의를 도입한다면 법률이 금지하는 중혼을 결과적으로 인정하게 될 위험이 있습니다. 그리고 우리나라에서 이혼율이 급증하고 이혼에 대한 국민의 인식이 크게 변화한 것이 사실이더라도 이는 역설적으로 혼인과 가정생활에 대한 보호의 필요성이 그만큼 커졌다는 방증이고, 유책배우자의 이혼청구로 인해 극심한 정신적 고통을 받거나 생계유지가 곤란한 경우가 엄연히 존재하는 현실을 외면해서도 아니 될 것이다."라는 등의 이유에서입니다.

그러나 유책배우자의 이혼청구가 언제나 인용되지 아니하는 것이 아니라 예외적으로 허용되기도 하는데, 그것은 유책배우자의 이혼청구가 혼인제도가 추구하는 이상과 신의성실의 원칙에 비춰보더라도 책임이 반드시 이혼청구를 배척해야 할 정도로 남아 있지 아니한 경우에는 혼인과 가족제도를 형해화할 우려가 없고 사회의 도덕관·윤리관에도 반하지 아니할 때입니다.

그리하여 상대방 배우자도 혼인을 계속할 의사가 없어 일방의 의사에 따른 이혼 내지 축출이혼의 염려가 없는 경우는 물론, 더 나아가 이혼을 청구하는 배우자의 유책성을 상쇄할 정도로 상대방 배우자 및 자녀에 대한 보호와 배려가 이루어진 경우, 세월의 경과에 따라 혼인파탄 당시 현저했던 유책배우자의 유책성과 상대방 배우자가 받은 정신적 고통이 점차 약화돼 쌍방의 책임의 경중을 엄밀히 따지는 것이 더 이상 무의미할 정도가 된 경우 등과 같이 혼인생활의 파탄에 대한 유책성이 이혼청구를 배척해야 할 정도로 남아 있지 아니한 특별한 사정이 있는 경우에는 예외적으로 유책배우자의 이혼청구를 허용할 수 있습니다.

유책배우자의 이혼청구를 예외적으로 허용할 수 있는지를 판단할 때에는 유책배우자 책임의 태양·정도, 상대방 배우자의 혼인계속의사 및 유책배우자에 대한 감정, 당사자의 연령, 혼인생활의 기간과 혼인 후의 구체적인 생활 관계, 별거 기간, 부부간의 별거 후에 형성된 생활관계, 혼인생활의 파탄 후 여러 사정의 변경 여부, 이혼이 인정될 경우의 상대방 배우자의 정신적·사회적·경제적 상태와 생활보장의 정도, 미성년 자녀의 양육·교육·복지의 상황, 그 밖의 혼인관계의 여러 사정을 두루 고려하여 판단합니다(대법원 2015. 9. 15. 선고 2013므568 전원합의체 판결).

유책배우자 이혼청구가 문제가 되는 경우는 대부분 부정한 행위를 한 배우자 또는 이미 다른 이성과 딴살림을 차린 배우자가 기존의 배우자와 이혼을 하고 새로운 이성과 혼인을 하려고 할 때입니다. 아무리 우리나라 법원이 유책주의를 취하고 있다고 하더라도 위와 같은 배우자의 이혼청구가 무조건 기각되는 것은 아니므로 배우자의 이혼청구의 기각을 구하고 가정회복을 원하는 상황이라면 처음부터 접근방법을 달리하여 접근하는 것이 좋습니다.

4 위자료란 무엇이고, 산정기준은 무엇인가요?

돈은 모든 불평등을 평등하게 만든다.

–도스토예프스키

위자료는 혼인파탄으로 인해 정신적 고통을 받은 피해자에 대해 유책배우자 또는 과실 있는 상대방이 지급하는 손해배상을 의미합니다. 이러한 위자료는 이혼은 물론 약혼해제, 혼인취소, 혼인무효, 사실혼관계 부당파기 등의 경우에도 유책배우자에 대해 위자료를 청구할 수 있습니다.

우리나라 법원은 이혼시 위자료 산정기준에 대해서 "정신적인 고통을 위자하기 위한 금액의 산정은 재산상의 손해 산정과 달리 증거에 의해 입증할 수 있는 성질의 것이 아니므로 법원이 여러 가지 사정을 참작해 직권에 의해 그 액수를 결정할 수 있는데, 유책배우자, 즉 책임이 있는 배우자에 대한 위자료 액수 산정은 유책행위에 이르게 된 경위와 정도 그리고 혼인관계 파탄의 원인과 유책배우자의 연령과 재산상태 등의 모든 사정을 종합적으로 고려해 법원이 직권으로 결정합니다. 구체적으로 살펴보면 혼인파탄의 사유, 잘못한 행위의 정도, 혼인생활 유지기간, 양 당사자의 학력, 연령, 직업 그리고 자녀의 수와 부부의 재산상태 등을 종합적으로 고려해 법원에서 이혼위자료 금액을 직권으로 결정합니다(대법원 1987. 10. 28. 선고 87므55 판결).

따라서 이혼 사유가 부당한 대우 또는 부정한 행위일수록, 그 횟수가 많고 오랜 기간에 걸쳐 지속적으로 발생했을수록, 혼인기간이 길수록, 재산상태 또는 생활의 정도가 부유할수록, 자녀를 출산했을수록, 자녀를 부양하는 양육자일수록, 당사자가 실제로 당한 정신적 고통이 클수록, 상간자가 여러 명일수록 위자료의 액수가 커집니다.

위자료를 청구할 경우 상대방의 유책사유의 존재를 안 날로부터 3년, 유책사유가 있었던 날로부터 10년 이내에 청구해야 합니다.

5 재산분할이란 무엇이고,
      재산 분할의 대상은 무엇인가요?

돈이란 힘이고 자유이며,
모든 악의 근원이기도 한 동시에,
한편으로는 최대의 행복이 되기도 한다.
-칼 샌드버그

재산분할이란 혼인기간 중 부부가 공동으로 형성한 재산을 그 기여도에 따라 분할하는 방법으로 청산함과 아울러 능력 있는 당사자 일방이 이혼 후 생활능력이 부족한 배우자 일방을 부양할 수 있도록 하는 사회보장적 의미에서 인정되는 권리를 말합니다.

여기서 부부가 공동으로 형성한 재산이란, 원칙적으로 혼인 중 '당사자 쌍방의 협력'으로 이룩한 재산을 말하는데, 당사자 쌍방의 협력에는 직업을 갖고 경제활동을 해서 소득을 얻는 등 직접적, 실질적, 적극적인 협력은 물론, 가사를 전담하는 등 내조 등에 의한 간접적인 협력도 포함됩니다.

이혼의 경우에는 물론 사실혼관계 해소나 혼인 취소 시에도 재산 분할을 청구할 수 있습니다. 다만 혼인무효의 경우에는 혼인무효판결이 확정되면 혼인이 처음부터 성립하지 않았던 것과 같은 효과가 발생하므로 법리상 재산 분할은 청구할 수 없고, 민사적으로 부당이득반환을 청구해야 합니다.

재산 분할의 대상이 되는 재산은 원칙적으로 혼인 중 부부가 공동으로 협력해서 형성한 재산으로서 부부 중 누구의 소유인지가 불분명한 공동재산입니다. 판례는 그 재산이 비록 부부 일방의 명의로 돼 있거나 제3자 명의로 명의신탁되어 있더라도 실제로 부부의 협력으로 획득한 재산이라면 재산 분할의 대상이 된다고 판시判示하였으며(대법원 1998. 4. 10. 선고 96므1434 판결), 그 외 부부의 공동재산에는 주택, 예금, 주식, 대여금 등이 모두 포함됩니다.

또한 판례는 혼인 중 부부 일방이 다른 일방의 도움으로 변호사, 의사, 회계사, 교수 등 장래 고액의 수입을 얻을 수 있는 능력이나 자격을 취득한 경우에는 이 능력이나 자격으로 인한 장래 예상 수입 등이 재산 분할의 액수와 방법을 정하는 데 참작될 수 있는 것으로 보고 있습니다(대법원 1998. 6. 12. 선고 98므213 판결).

6 퇴직금, 향후 수령할 퇴직연금, 국민연금 등도 재산 분할의 대상이 되나요?

돈은 그저 수단에 불과합니다
돈은 당신을 원하는 곳으로 데려다 줄 수는 있죠
하지만
그 곳을 향하는 당신을 바꾸어 줄 수는 없습니다.
—아이 랜드

퇴직금, 향후 수령할 퇴직연금, 국민연금, 군인연금, 공무원연금 등도 모두 재산 분할의 대상이 됩니다.

퇴직금에 관해 판례는 이혼 당시에 이미 수령한 퇴직금·연금 등은 재산 분할의 대상이 될 수 있으며(대법원 1995. 5. 23. 선고 94 므1713,1720 판결, 대법원 1995. 3. 28. 선고 94므1584 판결), 이혼 당시 부부 일방이 아직 재직 중이어서 실제 퇴직급여를 수령하지 않았더라도 이혼소송의 사실심 변론종결 시에 이미 잠재적으로 존재해 그 경제적 가치의 현실적 평가가 가능한 재산인 퇴직급여채권도 재산 분할의 대상에 포함시킬 수 있고, 사실심 변론 종결시를 기준으로 그 시점에 퇴직할 경우 수령할 수 있을 것으로 예상되는 퇴직급여 상당액의 채권도 그 대상이 된다고 봅니다 (대법원 2014. 7. 16. 선고 2013므2250 판결).

또한 국민연금에 대해서도 혼인기간이 5년 이상 되고 혼인기간 중 연금을 납부한 기간도 5년 이상이 되는 경우에 이혼한 배우자가 노령연금 수급권자가 되고, 자신의 나이가 60세에 이른 날로부터 5년 이내에 국민연금관리공단에 분할연금의 지급을 신청하면 연금납부기간 중 혼인기간에 해당하는 연금액의 50%를 지급받게 됩니다.

또한 사학연금, 공무원연금, 별정우체국직원연금 등도 분할연금청구제도를 통해 재산 분할을 받을 수 있습니다. 이중 공무원연금의 경우 배우자가 공무원 등으로서 재직한 기간 중의 혼인기간이 5년 이상 되고, 이혼한 배우자가 퇴직연금 또는 조기퇴직연금 수급권자가 됐고, 자신의 나이 또한 65세에 이른 날로부터 3년 이내에 연금관리공단에 분할연금의 지급을 청구하면 재직기간 중 혼인기간에 해당하는 연금액의 50%를 지급받게 됩니다.

군인연금 또한 2020. 6. 11.부터 시행되는 개정 군인연금법에 의거해 분할연금청구제도가 인정되는데, 그 조건을 살펴보면 상대방 배우자의 직업이 군인이고, 별거기간 등을 제외한 혼인기간이 만 5년 이상인 경우에는 이혼 후 상대방 배우자가 받을 군인연금에 대해 분할연금청구를 하여 상대방 배우자자가 퇴직 후 받게 되는 군인연금의 일정비율을 매월 연금형식으로 받을 수 있습니다.

7 특유재산도 재산 분할의 대상이 되나요?

마음대로 좋은 나뭇잎을 골라 뜯어먹는
목이 긴 기린의 행복을 생각할 때,
목이 짧아 굶어 죽은 기린의 고통을 잊어서는 안된다.
- 존 M.케인스

특유재산이란, 혼인 전부터 부부가 각자 소유하고 있던 재산이나 혼인 중에 부부 일방이 상속·증여·유증으로 취득한 재산 등을 말합니다(「민법」 제830조제1항). 이 경우 원칙적으로 재산 분할의 대상이 될 수 없습니다. 이는 재산 분할 자체가 '혼인 중 당사자 쌍방의 협력으로 이룩한 재산'을 분할하는 것을 원칙으로 하고 있기 때문입니다.

다만, 다른 일방이 그 특유재산의 유지·증가를 위해 기여했다면 그 증가분에 대하여 재산 분할의 대상에 포함시킬 수 있습니다(대법원 1994. 5. 13. 선고 93므1020 판결, 대법원 1998. 2. 13. 선고 97므1486·1493 판결, 대법원 2002. 8. 28. 자 2002스36 결정 등).

실제로 실무에서 보면 혼인기간이 장기간 지속돼온 경우에는 특유재산 대부분을 재산 분할의 대상으로 포함시키고는 있지만, 특유재산을 재산분할의 대상으로 삼더라도 사실 그 기여도를 어느 정도로 인정할지 판단하는 데에는 꽤 까다로운 과정을 거쳐야 합니다. 대법원 판결 하나를 살펴보면 "혼인 전에 피고는 부모로부터 증여받은 특유재산이 있었고, 원고는 가사를 전담하는 외에 미국에서 가업으로 24시간 개점하는 잡화상 연쇄점을 경영할 당시 그 경리업무를 전담하면서 피고와 함께 위 잡화상 경영에 참여해 가사 비용의 조달에 협력한 사실을 인정받아 위 특유재산의 감소 방지에 일정한 기여를 했다(대법원 1994. 5. 13. 선고 93므1020 판결)."고 본 사례가 있습니다.

위 대법원 판례에서 알 수 있는 점은 특유재산을 재산 분할의 대상으로 인정받더라도 부부 공동재산 형성에 기여한 정도의 크기를 효과적으로 주장하고 입증해 내지 못한다면 그 재산 분할 액수의 금액까진 보장할 순 없다는 것입니다.

8 채무도 재산 분할의 대상이 되나요?

정당한 소유는 인간을 자유롭게 하지만
지나친 소유는 소유 자체가 주인이 되어 소유자를 노예로 만든다.
- 니체

혼인기간 중 발생한 채무는 원칙적으로 개인채무이기 때문에 재산 분할의 대상이 되지 아니합니다. 그러나 경제활동을 책임지는 과정(주택구입, 자녀양육비 등)에서 빚을 떠안은 한쪽 배우자가 이혼을 청구할 경우 그 빚도 재산 분할청구 대상이 될 수 있습니다. 즉, 대법원은 경제적 능력이 없는 남편을 뒷바라지하며 지내온 아내가 남편을 상대로 제기한 이혼 및 재산 분할 청구소송에서 '이혼 당사자 각자가 보유한 적극재산에서 소극재산(빚)을 공제하는 등으로 재산상태를 따져본 결과, 재산 분할 청구의 상대방이 그에게 귀속돼야 할 몫보다 더 많은 적극재산을 보유하고 있거나 소극재산의 부담이 더 적은 경우에는 적극재산을 분배하거나 소극재산을 분담하도록 하는 재산 분할은 어느 것이나 가능하다고 봐야 하고, 후자의 경우라고 해서 당연히 재산 분할 청구가 배척되어야 한다고 할 것은 아니다'라고 판시한 사례에서 보듯(대법원 2013. 6. 20. 선고 2010므4071 전원합의체 판결), 이러한 채무는 분할대상인 적극재산에서 채무가 공제되는 방법으로 청산됩니다. 즉, 일상가사와 관련해 발생한 채무도 재산 분할의 대상이 된다는 말입니다.

일상가사와는 전혀 무관하게 은행으로부터 대출받은 돈으로 유흥비로 소비한 외상 술값, 사업실패로 인한 자포자기 상태에서 탕진한 카지노 및 경마장 도박 비용 등으로 진 채무를 변제했다면, 그 은행대출채무는 공동으로 부담해야 할 공동채무라고 보기 어려우므로 재산 분할의 대상이 되지 아니합니다. 즉, 문제된 채무를 발생시킨 당사자의 개인채무가 되는 것입니다. 그러나 중요한 것은 이것이 일상 가사에 의해 발생한 채무가 아니라 배우자의 일방적인 채무라는 점을 입증해야 한다는 점입니다.

9 재산 분할의 비율을 정하는 방법은 무엇이고, 기준 시점은 언제인가요?

돈은 현악기와 같다. 그것을 적절히 사용할 줄 모르는 사람은
불협화음을 듣게 된다. 돈은 사랑과 같다. 이것을 잘 베풀려 하지 않는
이들을 천천히 그리고 고통스럽게 죽인다.
반면에, 타인에게 이것을 베푸는 이들에게는 생명을 준다.

  - 칼릴 지브란

현행법에서 재산 분할 비율을 정하는 기준을 명시적으로 규정하고 있지는 않습니다. 우리 판례도 "법원으로서는 당사자의 청구에 의해 그 재산의 형성에 기여한 정도, 당사자 쌍방의 협력으로 이룩한 재산의 액수 등 당사자 쌍방의 일체의 사정을 참작해 재산 분할의 방법이나 그 비율 또는 액수를 정하여야 하는 것이다." 라고 하면서도, "법원이 재산 분할의 방법이나 그 비율 또는 액수를 정함에 있어서 참작되는 모든 사정을 개별적. 구체적으로 일일이 특정해 설시해야 하는 것은 아니다."라고 하고 있습니다.

따라서 법원이 재산 분할의 방법이나 그 비율, 액수를 정함에 있어 참작한 사정을 일일이 특정해 설시하지 않고 정할 수 있는

것이므로 법원이 재산 분할의 방법이나 그 비율, 액수를 정하는 것은 '형평의 원칙에 현저하게 반하지 않는 한' 전적으로 법원의 재량에 일임돼 있다고 해도 지나치지 않습니다.

하지만 법원은 통상 부부가 맞벌이를 하는 경우에는 50:50으로 처가 전업주부로서 가사를 전담한 경우에는 이에 못 미치는 35% 전후의 비율을 인정하고 있습니다. 그러나 그 비율이 정확하게 정해져 있는 것이 아니고, 구체적인 사안마다 얼마든지 다르게 정해질 수 있습니다.

즉, 부부가 맞벌이를 한 경우에도, 부부 각자의 소득이 각 어느 정도인지, 가사를 공동으로 분담했는지, 일방이 전담했는지 여부, 부부의 소득은 얼마 되지 않으나 일방의 재테크에 의해 재산이 크게 증식되었는지 여부, 육아를 누가 하였는지 여부, 부부 중 일방이 그의 전적인 책임으로 재산 일부를 탕진한 사실이 있는지 여부 등 여러 사유들을 종합적으로 판단하여 50:50의 비율은 크게 달라질 수 있습니다.

또한 전업주부로서 가사를 전담한 경우라도 전업주부가 살림을 성실하게 해왔는지, 육아를 전담했는지, 남편의 사회활동에 어느 정도 내조했는지 여부 등에 따라 일반적으로 인정되고 있는 35% 전후의 비율은 크게 달라질 수 있습니다.

그 외 상담 중에 흔히 접했던 사유로 혼인기간 중 남편이 외도를 하거나 폭행 등의 잘못을 했을 경우, 아내들은 남편의 잘못을 용서해주면서 남편이 "앞으로 다시 이와 같은 잘못을 하면 아내의 이혼요구에 응하고 재산을 모두 아내의 명의로 해주겠다. 또는 재산 분할 요청을 포기하겠다."는 내용의 각서를 받아두는 경우가 종종 있습니다. 그러한 경우에 남편이 또 다시 같은 잘못을 반복한 경우 아내들이 이 각서에 근거해서 재산 분할을 청구하는 경우가 있는데, 그러한 각서는 남편이 혼인생활을 유지하고자하는 의도에서 작성해준 것으로 이혼을 전제로 재산 분할에 관해 협의했다고 볼 수 없기 때문에 재산 분할약정으로서의 효력은 없습니다.

한편, 이러한 재산 분할의 경우 어떤 시점의 재산을 기준으로 분할을 하느냐도 매우 중요한 포인트인데 우리나라 법원의 판례에 따르면, 이혼 시 재산 분할의 기준시점은 협의이혼이냐, 재판상 이혼이냐에 따라 달라지게 되는데, 우선 협의이혼을 전제로 한 재산 분할은 협의이혼이 성립한 날이라고 하고 있으며, 재판상 이혼을 전제로 한 재산 분할은 원칙적으로 이혼소송의 사실심변론종결시를 기준으로 하고 있습니다. 여기서 사실심변론종결시가 기준이라는 말이 다소 생소할 수도 있는데, 여기서 사실심이란 1심과 2심 재판을 의미하며, 변론종결일은 법원이 판결을 선고하기 전에 당사자들의 주장과 증거의 제출을 종결하는 시기를 말합니다. 쉽게 말하면 이혼 소송의 재판이 끝나는 시점이 되는 것입니다.

10 친권행사자 및 양육권자를 정하는 기준은 무엇인가요?

어린이에게는 결코 거짓말을 하거나 속여선 안 된다는 것을
항상 보여야 한다. 어릴 때의 기억은 오래 가기 때문이다.

-소학

친권행사자 및 양육권자를 정하는 기준에 앞서 친권 및 양육권
의 정확한 개념을 이해할 필요가 있습니다. 친권親權이란 부 또는
모가 미성년자인 자녀를 보호·교양하고 그 법률행위를 대리하고
재산을 관리하는 권리와 의무를 말합니다. 즉, 법률상 친자(부모-
자녀)관계가 있으면 그 효과로서 당연히 발생되는 것을 말하며,
양육권이라 함은 친권의 내용 중 자녀의 신분에 관한 사항으로
자녀에 대한 보호, 교양, 거소지정, 징계, 자의 인도청구권 등을
내용으로 하는 권리입니다. 따라서 양육권은 친권에 포함되는 개
념으로 이해하면 됩니다.

이혼을 하는 경우 그것이 협의이혼이든, 재판상 이혼이든 미

성년인 자녀가 있을 경우 그에 대한 친권행사자 및 양육권자를 정해야 합니다. 협의이혼의 경우 당사자들의 협의에 의해 친권행사자 및 양육권자를 정해야 하는데, 그 협의에는 양육자의 결정, 양육비용의 부담, 면접교섭권의 행사 여부 및 방법 등에 관한 내용이 포함되어야 합니다. 다만 부모의 협의가 자의 복리에 반하는 경우에는 가정법원은 보정을 명하거나 직권으로 자녀의 의사, 연령과 부모의 재산상황, 그 밖의 사정을 참작해 양육에 필요한 사항을 정합니다.

재판상 이혼의 경우에는 소송 진행 중 가정법원이 직권으로 이를 정하게 되는데. 통상 미성년자 자녀의 양육자를 지정하는 방법은 경우에 따라 다른데 부모의 한쪽을 지정하는 경우, 부모의 양쪽을 지정하는 경우, 제3자를 지정하는 경우가 있습니다. 다만 부모 중 한쪽을 양육자로 지정하는 경우에도 친권자로 지정하는 자를 동시에 양육자로 지정하는 경우가 일반적이지만 부모 중 한쪽이 친권자로 지정되고 다른 쪽을 양육자로 지정하는 경우도 있습니다.

친권 및 양육권을 정하는 법원의 기준은 '미성년자인 자녀의 성장과 복지에 가장 도움이 되고 적합한지를 기준'으로 하고 있습니다.

즉, '부 또는 모 중에 어느 쪽의 양육환경이 더 좋은지를 비교형량'해서 정하게 되는 것이지요. 예를 들면 누가 더 자녀와 친밀도가 있는지, 현재 누가 양육하고 있는지, 미성년자의 나이 그리고 미성년자의 부모에게 도덕적으로나 인격적으로 결격사유가 없는지, 경제적인 능력 등을 모두 살펴 비교형량을 통해서 양육자를 정하게 됩니다. 다만, 자녀의 나이가 13세 이상인 경우에는 자녀의 의사가 중요하게 적용됩니다. 그러나 실무에서는 법원에서 이러한 기준을 적용해 실제 누구에게 미성년자인 자녀가 양육이 되는 것이 장차 자녀의 성장이나 복리에 가장 도움이 되는 것인지를 쉽게 파악할 수 없는 것이 현실이라 단지 부모 중 현재 누구에 의해 미성년인 자녀가 직접 양육되고 있는 상황인지 등 현재의 양육 상황에 따라 결정되는 경우가 많습니다. 그렇기때문에 이혼을 염두에 두고 있는 상황이라면 어느 때라도 미성년 자녀에 대한 양육 등의 지배권을 빼앗기는 일이 발생하지 않도록 하는 주의가 필요합니다.

한편, 일단 정해진 양육사항이나 양육자의 변경 청구도 가능합니다. 즉, 가정법원은 자의 복리를 위해 필요하다고 인정되는 경우에는 부, 모, 자, 및 검사의 청구 또는 직권으로 자의 양육에 관한 사항을 변경하거나 다른 적당한 처분을 할 수 있습니다. 검사가 변경청구를 할 수 있다는 점과 가정법원의 직권으로 가능하다는 점이 그 특징이라고 할 수 있습니다.

또한 이른바 「최진실법」으로 지칭되는 민법 개정으로 인해 이혼할 때 결정된 친권자가 사망한 경우에는 예전과 달리 다른 쪽 부모가 당연히 친권자가 되는 것은 아닙니다. 즉, 생존한 부모, 미성년자, 미성년자의 친족의 청구에 따라 가정법원이 친권자로 적합한지 심사하여 친권자로 지정해야 친권자가 되는 것입니다. 친권자로 지정될 자가 없으면 미성년자를 위한 미성년후견인을 선임하게 됩니다.

11 양육비산정기준은 어떻게 되나요?

아이에게 애정을 조금 주어 보아라.
그러면 크게 다시 돌려 받는다.

-존 러스킨

양육비는 부모가 공동으로 부담함이 원칙입니다. 혼인 중이든, 이혼했든 마찬가지입니다. 소득이 없어도 분담해야 하는 절대적인 의무입니다. 부모는 자녀에 대한 부양의무가 있는 것이므로 당연한 이치입니다. 가끔 양육비가 너무 많아 이를 부담하게 되면 정상적인 생활이 어렵다고 할 때가 있는데, 실제로 당사자의 소득이 많지 않아 그럴 경우도 있지만, 양육비를 부담하기에 충분한 소득이 있는데도 상황을 과장해서 엄살을 부릴 때가 많습니다. 결혼을 해서 아이를 낳고 그동안 아이에게 얼마가 들어갔는지를 생각해보고, 돈으로 해결할 수 없는 육아 스트레스를 생각해 보면 법원에서 인정하는 양육비 금액이 과다한 것은 아닐 것입니다.

양육비는 분담하는 것이 원칙이라는 말은 아이를 직접 양육하든, 하지 않든 모두 양육비를 부담해야 한다는 의미입니다. 양육비는 비양육자만 부담하는 것이 아니라 양육자도 부담하는 것이고, 비양육자는 양육자에게 본인의 부담분만을 지급하는 것입니다. 예를 들어 아이를 양육하는데 한 달에 100만 원이 들어간다고 하면 비양육자가 100만 원을 모두 지급하는 것이 아니라, 그 100만 원 중 비양육자의 분담 분인 몇 십만 원을 양육자에게 지급하는 것입니다.

많은 경우에 '아이에게 지급하는 양육비는 아깝지 않은데 상대방에 주기는 싫다'라고 주장합니다. 그런데 양육비는 비양육자가 양육자에게 지급하는 돈이지, 자녀에게 지급하는 돈이 아닙니다. 자녀에게 지급하는 돈은 '용돈'인 것입니다. 즉, 자녀에게 직접 돈을 지급했다고 하더라도 이를 양육비라고 볼 수 없을 때가 많습니다.

학원비를 지급했을 때도 마찬가지입니다. 이를 양육비라고 단정하기 어렵습니다. 자녀를 교육하는 것은 양육자가 결정할 일입니다. 양육자의 양육이 마음에 들지 않는다면 양육자를 변경해 달라는 청구를 하면 됩니다.

아이를 양육하는 데에는 교육비나 식비만 들어가는 것이 아니라 주거비, 통신비, 공과금 등이 들어가고 양육자의 가사 노동도 들어가므로 종합적으로 고려되어야 합니다. 비양육자 본인이 양육하지 못하는 상황에서 양육자가 양육비를 모두 교육비 등으로 지출하지 않았다고 하여 비난할 수 있는 것이 아닙니다. 오히려 비양육자가 분담했어야 할 가사노동과 육아를 그나마 돈으로라도 분담했다고 생각해야 합니다.

양육비는 자녀가 성년이 되기 전날까지 지급하는 돈입니다. 성년이 된 때부터는 더 이상 양육비를 지급할 '의무'는 없습니다. 다만 우리나라에서는 성년이 됐다고 하더라도 자녀가 대학에 다니는 등 소득활동을 하지 못하는 경우가 많으므로 자녀를 위해서 부모로서 도의적으로 부양료를 지급하는 것은 바람직한 일입니다.

협의이혼을 할 때 양육비에 관한 협의는 필수적입니다. 양육비에 관해 부부 사이에 합의가 성립되지 아니할 경우 협의이혼 자체가 불가능합니다. 당사자 사이에서 양육비에 관해 합의가 성립된 경우 판사는 그 내용을 확인하고 양육비 부담조서를 작성합니다. 이렇게 작성된 양육비 부담조서는 그 자체로 집행력이 있기 때문에 만약 비양육자가 양육비 부담조서의 내용을 이행하지 않을 경우 소송을 거치지 않고도 양육비 부담조서를 근거로 강제집행이 가능합니다.

또한, 양육비는 사정변경이 생기면 언제든지 증액이나 감액이 가능합니다. 당사자 사이에 증액이나 감액에 관해 합의가 되지 않거나, 강제력 있는 조서나 심판문을 받고자 하면 법원에 양육비 증감에 관한 변경 심판 청구를 하면 됩니다. 양육비의 변경은 반드시 특별한 사정이 있어야 하는 것은 아니지만, 원칙적으로 아무런 사유 없이 변경을 청구하면 법원에서도 이를 인용하기 어려울 것입니다.

양육비에 관해 당사자 사이에 합의가 도출되었거나 법원에서 판결이나 심판을 받아 구체적으로 정해지기 전까지는 소멸시효가 진행되지 않습니다. 2008년 이후에는 법이 개정돼 양육비에 관한 합의나 판단이 없다면 이혼 자체가 불가능하지만, 그 이전에 이혼을 한 경우에는 양육비에 관해 합의한 사실이 없는 경우가 있습니다. 이때에는 10년이 지났든, 20년이 지났든 언제든지 과거의 양육비를 청구할 수 있습니다. 다만 과거 양육비를 일시금으로 지급하면 비양육자는 예상치 못한 금전적인 부담이 생기게 될 수 있으므로 법원에서 적절하게 감액할 수 있습니다.

이러한 양육비산정에 관해서는 서울가정법원에서는 양육비산정기준표를 공표하는데, 매년 개정되는 것은 아닙니다. 2017년에 개정된 양육비 산정기준표는 다음과 같습니다.

2021 양육비 산정기준 안내[2017 양육비 산정기준표(2017. 11. 17. 개정)]

부모합산 소득(세전) 자녀 만 나이	0~199만 원 평균양육비(원) 양육비 구간	200~299만 원 평균양육비(원) 양육비 구간	300~399만 원 평균양육비(원) 양육비 구간	400~499만 원 평균양육비(원) 양육비 구간	500~599만 원 평균양육비(원) 양육비 구간	600~699만 원 평균양육비(원) 양육비 구간	700~799만 원 평균양육비(원) 양육비 구간	800~899만 원 평균양육비(원) 양육비 구간	900만 원 이상 평균양육비(원) 양육비 구간
0~2세	532,000 219,000~592,000	653,000 593,000~735,000	818,000 736,000~883,000	948,000 884,000~1,290,000	1,105,000 1,027,000~1,190,000	1,294,000 1,120,000~1,341,000	1,388,000 1,077,000~1,290,000	1,587,000 1,488,000~1,670,000	1,753,000 1,671,000 이상
3~5세	546,000 223,000~639,000	732,000 640,000~814,000	896,000 815,000~974,000	1,053,000 975,000~1,121,000	1,189,000 1,122,000~1,284,000	1,379,000 1,286,000~1,477,000	1,576,000 1,478,000~1,654,000	1,732,000 1,655,000~1,828,000	1,924,000 1,829,000 이상
6~11세	623,000 244,000~699,000	776,000 700,000~864,000	952,000 865,000~1,044,000	1,136,000 1,045,000~1,218,000	1,302,000 1,220,000~1,408,000	1,514,000 1,409,000~1,559,000	1,605000 1,580,000~1,717,000	1,830,000 1,798,000~1,997,000	2,164,000 1,998,000 이상
12~14세	629,000 246,000~701,000	774,000 702,000~884,000	995,000 885,000~1,107,000	1,220,000 1,108,000~1,303,000	1,386,000 1,304,000~1,484,000	1,582,000 1,485,000~1,650,000	1,718,000 1,651,000~1,797,000	1,876,000 1,798,000~2,143,000	2,411,000 2,144,000 이상
15~18세	532,000 260,000~813,000	948,000 814,000~1,078,000	1,205,000 1,077,000~1,290,000	1,376,000 1,291,000~1,493,000	1,610,000 1,291,000~1,483,000	1,821,000 1,716,000~1,895,000	1,970,000 1,896,000~2,047,000	2,124,000 2,048,000~2,394,000	2,664,000 2,395,000 이상

기본 원칙

1. 자녀에게 이혼 전과 동일한 수준의 양육환경을 유지해주는 것이 바람직함

2. 부모는 현재 소득이 없더라도 최소한의 자녀 양육비에 대해 책임을 분담함

산정기준표 설명

1. 산정기준표의 표준양육비는 양육자녀가 2인인 4인가구 기준 자녀 1인당 평균양육비임.

2. 부모합산소득은 세전소득으로 근로소득, 영업소득, 부동산 임대소득, 이자소득, 정부보조금, 연금 등을 모두 합한 순수입의 총액임

3. 표준양육비에 아래 가산, 감산 요소 등을 고려해 양육비 총액을 확정할 수 있음

   1) 자녀의 거주지역(도시지역은 가산, 농촌 등은 감산)

   2) 자녀 수(자녀가 1인인 경우 가산, 3인이상인 경우 감산)

   3) 고액의 치료비

4) 부모가 합의한 고액의 교육비

5) 부모의 재산상황(가산 또는 감산)

6) 비양육자의 개인회생(회생절차 진행 중 감산, 종료 후 가산 고려)

표준 양육비 결정 예시

부모합산 소득(세전) / 자녀 만나이	0~199만 원 평균양육비(원) / 양육비 구간	200~299만 원 평균양육비(원) / 양육비 구간	300~399만 원 평균양육비(원) / 양육비 구간	400~599만 원 평균양육비(원) / 양육비 구간	500~599만 원 평균양육비(원) / 양육비 구간	600~699만 원 평균양육비(원) / 양육비 구간	700~799만 원 평균양육비(원) / 양육비 구간	800~899만 원 평균양육비(원) / 양육비 구간	900만 원 이상 평균양육비(원) / 양육비 구간
0~2세	532,000 / 219,000~592,000	653,000 / 593,000~735,000	818,000 / 736,000~883,000	948,000 / 884,000~1,290,000	1,105,000 / 1,027,000~1,190,000	1,294,000 / 1,120,000~1,341,000	1,388,000 / 1,077,000~1,290,000	1,587,000 / 1,488,000~1,670,000	1,753,000 / 1,671,000 이상
3~5세	546,000 / 223,000~639,000	732,000 / 640,000~814,000	896,000 / 815,000~974,000	1,053,000 / 975,000~1,121,000 (아들의 표준 양육비)	1,189,000 / 1,122,000~1,284,000	1,379,000 / 1,286,000~1,477,000	1,576,000 / 1,478,000~1,654,000	1,732,000 / 1,655,000~1,828,000	1,924,000 / 1,829,000 이상
6~11세	~~629,000~~ / 244,000~699,000	~~770,000~~ / 700,000~864,000	~~952,000~~ / 865,000~1,044,000	**1,136,000** / 1,045,000~1,218,000	1,302,000 / 1,220,000~1,408,000	1,514,000 / 1,409,000~1,559,000	1,605,000 / 1,580,000~1,717,000	1,830,000 / 1,798,000~1,997,000	2,164,000 / 1,998,000 이상
12~14세	629,000 / 246,000~701,000	774,000 / 702,000~884,000	995,000 / 885,000~1,107,000	1,220,000 / 1,108,000~1,303,000 (딸의 표준 양육비)	1,386,000 / 1,304,000~1,484,000	1,582,000 / 1,485,000~1,650,000	1,718,000 / 1,651,000~1,797,000	1,876,000 / 1,798,000~2,143,000	2,411,000 / 2,144,000 이상
15~18세	~~532,000~~ / 260,000~813,000	~~648,000~~ / 814,000~1,078,000	~~1,205,000~~ / 1,077,000~1,290,000	**1,376,000** / 1,291,000~1,493,000	1,610,000 / 1,291,000~1,483,000	1,821,000 / 1,716,000~1,895,000	1,970,000 / 1,896,000~2,047,000	2,124,000 / 2,048,000~2,394,000	2,664,000 / 2,395,000 이상

- 가족 구성원 : 양육자, 비양육자, 만 15세인 딸 1인, 만 8세인 아들 1인인 4인 가구
- 부모의 월 평균 세전 소득 : 양육자 180만 원, 비양육자 270만 원, 합산소득 450만 원

1. 표준양육비 결정

가. 딸의 표준양육비: 1,376,000원(자녀 나이 15~18세 및 부모합산소득 400만 원~499만 원의 교차구간)

나. 아들의 표준양육비: 1,136,000원(자녀 나이 6~11세 및 부모합산소득 400만 원~499만 원의 교차구간)

다. 딸, 아들의 표준양육비 합계: 2,512,000원(=1,376,000원 + 1,136,000원)

2. 양육비 총액 확정 가산, 감산 요소가 있다면 결정된 표준양육비에 이를 고려
   해 양육비 총액 확정 가산, 감산 요소가 없다면 2,512,000원
3. 양육비 분담비율 결정 비양육자의 양육비 분담비율: 60%(= 270만 원/180만
   원+270만 원)
4. – 비양육자가 지급할 양육비: 산정양육비 총액 × 비양육자의 양육비 분담
   비율의 방식으로 산정
   – 비양육자가 지급할 양육비: 1,507,200원(=2,512,000원 × 60%)

위 표는 자녀가 2명인 경우를 기준으로 1명의 평균 양육비를 나타낸 것입니다. 보통 위 평균 양육비를 부부의 소득 비율로 나눠 계산합니다. 예를 들어 자녀가 4세인데 아내의 소득이 300만 원, 남편의 소득이 250만 원이라면, 합계 소득은 550만 원이므로 평균 양육비는 1,238,000원이 됩니다. 이때 아내와 남편의 소득은 55:45 정도 되므로 아내의 부담분은 680,900원, 남편의 부담분은 557,100원이 됩니다. 따라서 남편이 아이를 양육할 때에는 아내가 약 68만 원을, 아내가 아이를 양육하면 남편이 약 56만 원을 부담하면 됩니다.

이는 어디까지나 기준이고 법적인 강제력이 있는 것은 아닙니다. 위 표는 2인 자녀의 평균 양육비이므로 자녀가 1명이라면 금액을 늘려야 하고 3명 이상이라면 줄여야 합니다.

서울이나 대도시와 같이 주거비가 많이 들어가는 지역에 거

주한다면 가산해야 하고, 농어촌 지역은 감산할 수 있습니다.

자녀가 질병이나 장애가 있어 보통의 경우보다 양육비가 더 들어간다면 가산해야 하고, 부모가 자녀를 유학을 보내기로 했다거나 예체능에 특기가 있어서 교육비가 많이 들어가는 경우에도 가산할 수 있습니다.

또 당사자의 재산이나 부채 역시 양육비 산정에 참고할 수 있는 자료입니다.

위 계산법을 보면 알겠지만 양육비 산정에서 가장 중요한 요소는 소득입니다. 양육비는 매월 정기적으로 지급하는 것이 일반적이기 때문입니다. 부동산을 많이 갖고 있다고 하더라도 당장 소득이 없으면 매월 일정 금액을 지급하는 것이 어려울 수 있습니다. 다만 소득이 적어도 재산이 많다는 사실은 당연히 고려할 사항입니다.

위 표는 어디까지나 참고사항이므로 세전소득인지, 세후 소득인지, 국세청에 신고한 소득인지가 중요한 요소는 아닙니다. 국세청에 적게 신고했다고 해서 실제 소득이 적은 것은 아니기 때문입니다. 자영업자의 경우 실제 소득을 적게 신고할 수 있는데, 이때에는 통장 거래내역이나 자산의 변화를 보아 실제 소득을 가늠해 볼 수도 있습니다.

12 양육비를 확보하는 방법은 무엇인가요?

비난 속에 사는 아이는 남 헐뜯는 사람되고,
미움 속에 사는 아이는
싸움하는 사람된다.
조롱 속에 사는 아이는 수줍음 타는 사람되며,
참음 속에 사는 아이는 끈기 있는 사람된다.
격려 속에 사는 아이는 자신감이 넘치고,
칭찬 속에 사는 아이는 감사할 줄 알게 된다.
공정 속에 사는 아이는 정의로운 사람되고,
안정 속에 사는 아이는 믿음 있는 사람된다.
격려 속에 사는 아이는 긍지 높은 사람되고,
인정과 우정 속에 사는 아이는 온 세상에 사랑이 충만함을 배우게 되리라.
-도로티 로 놀트

양육비를 확보하기 위해서는 우선 이혼소송 또는 양육비 심판을 제기하여 그에 대한 판결이나 결정을 받아야 합니다. 만약 양육비를 지급하라는 판결 등이 선고되었음에도 불구하고 양육비 채무자가 정당한 사유 없이 그 이행을 하지 않을 경우에 이를 확보할 수 있는 여러 법적수단이 있습니다. 이때 법적으로 인정된 양육비 이행확보 수단으로는 담보제공명령신청, 과태료부과신청, 일시금지급명령신청, 감치명령신청 등이 있습니다. 이러한 절

차는 모두 법원에 신청을 통하여야 한다는 점을 기억해 두시길 바랍니다.

- 담보 제공 명령

「가사소송법」 제63조의 3 ①항은 "가정법원은 양육비를 정기적으로 지급하게 하는 경우에 그 이행을 확보하기 위하여 양육비채무자에게 상당한 담보의 제공을 명할 수 있다."라고 규정하고 있습니다. 그런데 이 규정은 강제 규정이 아니기 때문에 사실상 법원이 자체적으로 담보제공명령을 강제할 순 없습니다. 따라서 담보제공명령을 해줄 것을 촉구하는 정도로 법원에 신청을 해야 합니다.

양육비채권자의 담보명령신청이 있으면, 법원은 양육비채무자에게 상당한 담보의 제공을 명하게 됩니다. 그러면 양육비채무자가 자신의 명의 또는 타인 명의로 되어 있는 부동산에 근저당권을 설정하거나 금전의 공탁 또는 보증보험증권을 제출하는 방법 등으로 담보를 제공해야 합니다.

만약 담보제공명령으로도 양육비채무자가 양육비를 지급하지 않는다고 하더라도 걱정할 필요가 없습니다. 왜냐하면 양육비채권자는 채무자에게 직접 청구할 필요 없이, 보증보험증권을 발급해준 보험사에 청구하면 되기 때문입니다.

‐ 과태료부과신청

법원의 담보제공명령이 있었음에도 불구하고 양육비가 채무자가 불응했다면, 가정법원, 조정위원회 또는 조정담당판사는 직권으로 또는 권리자의 신청에 의해 결정으로 1,000만 원 이하의 과태료를 부과할 수 있습니다(가사소송법 제67조 제①항).

양육비채무자가 위 담보제공명령에 불응했을 때 양육비채권자는 법원에 과태료부과신청을 함으로써 양육비채무자에게 압박을 가할 수 있습니다.

‐ 일시금지급명령신청 및 감치명령신청

양육비채권자는 담보제공명령신청, 과태료부과신청과는 별도로 일시금지급명령신청을 할 수 있습니다. 법원은 신청에 의해 양육비 전부 또는 일부를 일시금으로 지급하도록 채무자에게 명할 수 있는데, 일시금지급명령신청은 양육비채권자가 신청을 해야만 명할 수 있습니다. 따라서 일시금 지급명령을 받은 사람이 30일 이내에 정당한 사유 없이 그 의무를 이행하지 않을 경우, 가정법원은 권리자의 신청에 따라 30일 범위 내에서 그 의무를 이행할 때까지 의무자에 대한 감치를 명할 수 있습니다.

‐ 양육비직접지급명령신청

양육비직접지급명령신청은 양육비채무자가 근로자일 경우(대체로 안정적인 직장을 가지고 있는 경우 - 공무원, 기업 등)에 양육비를 확보하기 위한 가장 유용한 방법이라 할 수 있겠습니다.

양육비 심판이 확정됐는데도 불구하고 양육비채무자가 정당한 사유 없이 2회 이상 양육비를 지급하지 않을 때는 양육비채권자는 법원에 양육비직접지급명령을 신청할 수 있습니다. 그렇게 하면 법원은 양육비채무자의 고용주(소득세원천징수의무자)가 양육비채권자에게 직접 양육비를 지급하도록 명할 수 있습니다. 양육비직접지급명령을 받은 고용주는 급여일에 양육비 상당액을 양육자 명의의 계좌에 바로 이체되는 방법으로 지급을 해야 하고, 양육비 상당액을 제외한 급여를 근로자에게 제공하게 되므로 사실상 양육비채권자 입장에서는 상당히 편리하고 가장 효과적으로 양육비를 확보할 수 있는 수단입니다. 이러한 양육비지급명령신청은 민사집행법에 따라 압류명령과 전부명령을 동시에 명한 것과 같은 효력이 있습니다.

– 강제집행

양육비채무자의 재산이나 수입 등에 강제집행도 가능합니다. 양육비 지급이 제대로 이행되지 않을 경우 법원의 직권이나 당사자의 신청에 의해 당사자 명의의 재산에 대하여 조회를 할 수 있고(가사소송법 제48조의2, 3), 양육비채무자에게 부동산이나 예금채권이 있는 경우 이를 강제집행을 함으로써 양육비를 확보할 수 있습니다.

이혼 양육비 지급 이행 강화 법률 개정안 시행

2021. 7.월부터 감치명령을 무시하고 양육비를 지급하지 않는 이혼한 부모에게 출국금지, 형사처벌이 가능해진다. 양육비 이행 확보 및 지원에 과한 법률 일부 개정 법률 공포안이 2021. 1. 5. 국무회의를 통과했다. 2020. 12월에 국회 본회를 통과한 개정안이 의결된 것이다.

이혼한 부모의 미성년에 자녀에 대한 양육비 지급 이행을 강화하는 법률의 개정으로 감치명령(채무를 고의적으로 이행하지 않는 경우 사유가 있을 때 법원이 직권으로 관할 경찰서 유치장에 20일간 구속을 명하는 제도)을 받은 뒤에도 양육비를 지급하지 않는 친부 또는 친모에 대해 운전면허정지, 출국금지, 명단공개, 형사처벌이 가능하도록 처벌이 강화된다.

– 운전면허정지(2021. 6. 10. 시행)

여성가족부장관이 양육비이행심의위원회의 심의, 의결을 거쳐 직권으로 지방경찰청장에게 운전면허정지처분을 요청할 수 있다. 다만 과도한 제한을 방지하지 위해 자동차를 생계의 목적으로 운행하는 사람은 제외한다.

– 출국금지(2021. 7. 시행)

여성가족부장관은 양육비이행심의위원회의 심의, 의결을 거쳐 직권으로 법무부장관에게 양육비지급이행을 하지 않는 자에 대해 출국금지를 요청할 수 있다.

– 명단공개(2021. 7. 시행)

양육비 채권자가 채무자 명단 공개를 신청하면 여가부장관은 채무자에게 3 개월 이상 소명기회를 부여한 후 양육비이행심의위원회의 심의, 의결을 거쳐 인터넷 홈페이지에 명단을 공개할 수 있다.

– **형사처벌(2021. 7. 시행)**

양육비를 지급할 채무자가 정당한 사유 없이 1년 이내에 양육비 채무를 이행하지 아니할 경우에는 1년 이하의 징역 또는 1,000만원 이하의 벌금형에 처할 수 있다.

13 양육비를 증액할 수도 있나요?

부모란 자녀에게 사소한 어떤 것을 주어 아이가 행복하도록
만들어주는 존재이다.

-오그든 내시

만약 양육비가 재판절차 등으로 결정된 이후 자녀의 교육비가
증가(학년 상승 등) 또는 비양육친의 진급 등 소득수준 향상 그리
고 자녀가 장기간 치료를 요하는 병을 앓게 되는 등 과거에 결정
된 양육비만으로 감당하기 어려운 경우에는 사정변경을 이유로
양육비증액 청구가 가능합니다.

양육비증액은 우리 민법 제837조 제5항에 근거해 "자의 복리
를 위해 필요하다고 인정되는 경우에는"이라고 포괄적으로 규정
하고 있어 양육비 증액 사유에 대한 타당성이 인정되면 변론을
통하여 양육비증액판결을 받을 수 있습니다.

통상적인 양육비증액 청구의 조건은 양육자 본인의 재정상황

에 변동이 생겨 경제적 부담이 발생한 경우, 물가가 양육비 지정 당시와 비교해 크게 오른 경우, 자녀의 상급학교 진학 등으로 교육비가 현저히 증가한 경우, 자녀에게 희귀성 질환이 발생해 상당한 병원비 지출이 발생한 경우 등입니다.

양육비 증액청구 소송을 제기할 경우 법원은 양쪽 부모 모두의 경제적 사정, 양육에 드는 비용 등을 전체적으로 고려해 증액 범위를 결정하게 됩니다. 따라서 가능하다면 소를 제기하기에 앞서 비양육자의 취업상황, 경제력, 거주지역 등을 파악해두는 것이 좋습니다.

우선 양육비를 증액하기 위해서는 사건본인(미성년자녀)에게 지출되는 의식주 등 한 달 평균 생활비와 보육시설 보육료 등의 한달 평균비용, 사건 본인에 대한 한달 평균 의료비, 통상 교육비, 통신비 등 품위유지비, 장래 지출이 예상되는 향후치료비, 특수 교육비 등을 산정해 청구금액을 정해야 합니다. 또한 양육비 증액청구 소송을 준비할 때는 자신의 경제 상황 변동, 양육비 증액이 필요한 이유를 객관적으로 입증할 자료를 꼼꼼하게 준비하는 것이 필요합니다.

14 미지급 양육비는 어떤 방법으로 청구하나요?

(과거양육비)

우리가 우리 아이에게 줄 수 있는 가장 큰 선물은
우리가 가진 귀중한 것을 아이들과 함께 나누는 것만 아니라
자기들이 얼마나 값진 것을 가지고 있는지 스스로 알게 해주는 것이다.

－아프리카 스와힐리 격언

양육비 지급은 선택이 아니라 비양육친非養育親의 당연한 의무입니다. 자녀가 성인이 될 때까지 매달 지급을 해야 하는 것인데 아직도 많은 비양육친들이 양육비를 지급하지 않고 있다고 합니다. 만일 비양육친이 양육비를 지급하지 않는다면 이행명령이나 강제집행 등을 신청할 수 있기 때문에 만일 지속해서 양육비를 지급받지 못하고 있는 상황이라면 '과거양육비청구 소송'을 통해 과거에 받지 못했던 양육비까지 모두 받을 수 있습니다.

과거양육비청구를 진행할 때 비양육자의 재산파악을 하기 어려운 상황이 생길 수도 있는데, 그렇게 된다면 직접 강제를 통해 이를 추심하는 것이 어려운 상황에 놓이게 되므로 향후에 간접

강제 방법을 통해 예전에 받지 못했던 부분까지 모두 청구를 해야 합니다. 이렇게 양육비를 지급해야 하는 의무가 있음에도 양육비를 계속해서 지급하지 않는다면 가정법원에 양육비 이행명령을 신청해 정해진 기간 동안 양육비 지급의무를 이행할 것을 명령할 수 있습니다. 만약 이렇게 이행 명령이 내려졌음에도 임의적으로 이행하지 아니할 경우에는 1,000만원 이하의 과태료가 부과됩니다.

그리고 과거양육비청구 신청을 통해 지급명령이 내려졌음에도 이를 무시하고 3개월 이상 이행하지 않는다면 30일 이내의 감치처분까지 내려질 수 있습니다.

한편, 실무에서는 이혼한지 10년이 넘었는데 전배우자에게 양육비를 청구해서 받을 수 있느냐는 질문이 많습니다. 결론부터 말하면, 자에 대한 양육비의 지급을 구할 권리는 당사자의 협의 또는 가정법원의 심판에 의해 구체적으로 청구권의 내용 및 범위가 확정되기 전에는 비록 이혼한 지 10년 이상이 경과됐더라도 양육비채권은 소멸시효에 의해 소멸되지 아니합니다. 여기서 10년은 일반채권의 소멸시효를 말하는데, 일반채권은 10년 이상 권리행사를 하지 아니할 경우 10년의 기간도과로 소멸합니다.

따라서 양육비에 대한 구체적인 액수에 대한 합의나 법원의 심판이 없는 경우라면 10년 이상 경과한 시점이라도 과거 지급받지 못한 양육비 전액을 청구할 수 있는 것입니다. 다만 법원은 이러한 경우 비양육자로 하여금 한 번에 거액의 금액을 지급하도록 하는 것이 부담될 수 있으므로 적당한 선에서 감액해줍니다.

15 면접교섭권의 의미는 무엇이고
어떤 방법을 사용하나요?

자녀교육의 핵심은
지식을 넓히는 것도 아니고 출세하는 것도 아니다.
단지 자존감을 높이는 데 있다.

─톨스토이

비양육자는 자녀를 면접교섭할 수 있는 권리가 있습니다. 자녀를 학대했다는 등 특별한 사정이 없다면 상대방 배우자에게 잘못했다는 이유로 면접교섭권을 박탈할 수는 없습니다. 나쁜 배우자라고 하더라도 좋은 부모일 수도 있기 때문입니다.

개개인의 사정이 각각 다르기 때문에 면접교섭의 형태 역시 다양합니다. 자녀가 혼자서도 자유롭게 부모 양쪽을 왕래할 정도가 되면 대개는 자녀가 스스로의 의사에 따라 면접교섭을 할 때가 많으므로 특별히 기준을 정하지 않고 '자유롭게 면접교섭할 수 있다'라고 정할 때도 있습니다.

비양육자가 외국에 거주하거나 주거지가 멀어서 통상적인 방법으로 면접교섭이 어려울 때에는 영상통화로 대체할 수도 있습니다.

그러나 양육자가 특별한 이유 없이 면접교섭을 거부하는 경우라면 비양육자가 원활하게 면접교섭을 진행하기 위해 기준을 정할 필요가 있습니다. 다만, 법원에서 그러한 기준을 정했다고 하더라도 당사자끼리 협의해 변경할 수 있습니다.

면접교섭은 언제나 자녀를 중심으로 생각해야 하는데, 보통 비양육자가 자녀가 있는 곳으로 데리러가서 면접교섭 후에 다시 자녀를 데려다주는 방식으로 진행하는 것이 일반적입니다.

법에 규정된 것은 없지만, 통상면접의 경우 월 2회 토요일 오전이나 점심쯤부터 일요일 저녁쯤까지 할 때가 많으며 자녀가 아주 어릴 경우 무박으로 할 수도 있고, 비양육자가 근처에 살고 있으면 더 늘릴 수도 있습니다.

명절이나 방학 때와 같이 특별한 경우에 면접교섭을 어떻게 할 것인지를 정하는 경우도 있는데, 보통 설날을 엄마와 함께 보냈을 경우 추석은 아빠와 함께 보내는 식으로 하거나 올해 설날은 엄마와 함께 보냈다면 내년 설날은 아빠와 함께 보내는 식으로 할 수도 있고, 3일 중 1박 2일씩으로 나눌 수도 있습니다. 여름이나 겨울방학에 아이가 시간이 많을 때가 있으므로 일주일이나 열흘 정도 면접교섭을 할 수 있도록 정할 수도 있습니다.

한편, 면접교섭의 방법에 관해 우선 그 회수는 원칙적으로 주 1회, 월 1회 내지 2회로 정하고, 방학을 이용해 5일 내지 10일간 인정해주는 사례가 많습니다. 그러나 경우에 따라서는 조부모 생신, 제삿날, 명절에 면접교섭을 허용하거나 부모간의 주소지가 멀고 유아기를 벗어난 자녀가 면접교섭에 적극적이지 않을 경우 방학을 이용해 연 1~2회만 면접교섭을 허용한 사례도 있습니다.

면접교섭시간은 주로 토요일 방과 후부터 일요일 저녁 무렵까지 정해지는 경우가 많지만, 부모 또는 자녀의 일정에 맞춰 정해지는 것이 보통입니다. 한편, 양육친들은 자녀들이 비양육친과 숙박을 하는 것을 꺼리는 경우가 많아 타협점으로 초등학교 입학 또는 10세를 기준으로 그 이전에는 당일 면접을, 그 이후로는 숙박을 통한 면접을 하는 것으로 조정되는 사례도 있습니다.

면접교섭의 장소는 비양육친의 주소지 또는 그가 책임질 수 있는 장소 정도로 정해지지만, 당사자 간의 갈등이 심한 경우에는 당사자 간의 접촉을 가능한 한 피하기 위해서 비양육친의 집이 아닌 제3자의 정소로 정해지기도 합니다.

면접교섭의 방법으로는 방문, 여행, 학교행사 참가, 전화, 편지, 선물교환 등을 고려할 수 있습니다.

16 면접교섭권도 제한 또는 배제할 수 있을까요?

절대로 가장 절박한 상황까지 나아가서는 안 된다.
그것이 부부 생활의 첫번째 비결이다.

-도스토에프스키

자녀의 복리를 위해 필요한 때에는 법원에 비양육친의 면접교섭
을 제한하거나 배제하는 청구가 가능합니다.

면접교섭권의 배제는 자녀의 복리에 심각한 영향을 미치는 것
이기 때문에 아무 때나 인정되는 것은 아니며, 극히 예외적으로
인정되는 데 그 사유로는 비양육친에게 현저한 비행 등 친권상실
사유가 있거나 유책배우자가 자녀의 복리에 영향을 미치는 경우
및 비양육친이 면접교섭과정에서 양육친에 대해 근거 없는 비방
을 하거나 정당한 사유 없이 면접교섭을 변경하는 경우 그리고
비양육친이 자녀를 탈취할 우려가 있는 경우 및 자녀가 원하지
않는 경우 등입니다. 이러한 사유가 있는 때에는 양육권자는 법

원에 면접교섭의 제한, 배제신청을 해서 비양육친에 대한 면접교섭을 제한 또는 배제할 수 있습니다.

면접교섭권을 제한 또는 배제하는 방법으로는 일정한 시기, 기간 동안만으로 면접교섭을 제한하는 시간적 제한 및 장소를 양육자의 주거, 거소 등으로 제한하는 장소적 제한 그리고 서신 왕래 및 전화통화만을 허용하고 직접적인 면접교섭은 금지하는 방법적 제한 등이 있습니다.

17 사실혼이란 무엇인가요?

함께 살 수 있겠다는 생각이 드는 사람과 결혼하지 마라.
없으면 살 수 없는 사람과 결혼해라.

-제임스 돕슨

사실혼이란, 혼인의사를 갖고 실질적으로 부부로서 공동생활을
영위하고 있지만 혼인신고를 하지 않았기 때문에 법상 부부로 인
정될 수 없는 관계를 말합니다. 사실혼의 경우 일정한 범위 내에
서 법률혼에 준하는 보호를 받게 됩니다. 예를 들어 부부공동생
활에 관한 효과로 발생하는 동거의무, 협조의무, 정조의무, 일상가
사대리권 등이 그것입니다.

사실혼은 주관적으로 혼인의 의사가 있고 또 객관적으로는
사회통념상 가족질서의 면에서 부부공동생활을 인정할 만한 혼
인의 실체가 있는 경우에 성립하므로 신혼여행을 마치고 신혼살
림 방을 얻어 공동생활을 시작하는 등 결혼으로서의 사회적, 관

습적인 의식과 절차를 갖췄다면 사실혼이 성립됩니다. 따라서 사실혼의 성립요건으로 반드시 결혼식을 올려야 하는 것은 아닙니다.

한편 혼인의 의사가 없는 단순한 동거의 경우 및 간헐적인 정교관계 만으로는 비록 당사자 사이에 자녀가 있다고 할지라도 서로 혼인의사의 합치가 있었다고 보여지지 아니할 뿐만 아니라 혼인생활의 실체가 존재한다고 보여지지 아니하기 때문에 사실혼이 성립될 수 없습니다. 또한 법률상 부인이 있는 자가 다른 여자와 딴살림을 차리고 동거를 한 경우 이는 부첩관계에 불과해 사실혼과는 구별됩니다.

사실혼의 경우 법률혼과는 달리 별도의 이혼절차가 필요 없고 당사자 간의 합의 또는 일방의 상대방에 대한 통보 그리고 일방의 공동주거공간에서의 이탈 등으로 해소될 수 있습니다.

사실혼부부에게도 사실혼이 부당파기된 경우에는 위자료 청구권이 인정되지만 사실혼인지 아닌지에 대한 판단은 매우 어렵습니다. 하루를 살아도 사실혼으로 인정되는 경우가 있고 10년을 함께 살아도 사실혼이 인정되지 아니하는 경우도 있기 때문입니다.

또한 사실혼기간에 공동으로 형성한 재산이 있고, 가사노동 등에 종사해 그 재산을 형성하고 유지, 보전, 증식하는 데 기여했다면 이는 부분의 공동재산으로 보아 이혼을 하는 경우와 마찬가지로 재산 분할 청구가 가능합니다.

한편, 배우자가 있는데도 불구하고 또 다른 이성과 사실혼관계를 유지하는 것을 중혼적사실혼이라고 하는데, 이러한 중혼적 사실혼관계를 유지하는 것은 부정한 행위로서 이혼 사유가 됩니다. 그런데 사실혼관계가 어느 정도 법적 보호를 받는 것과는 달리, 중혼적 사실혼관계에 있는 자는 상속은 물론 재산 분할이나 위자료 등 그 어떠한 것도 청구할 수 없습니다. 즉, 양자 간의 관계에서는 법적으로 보호받을 어떠한 수단도 없는 것입니다.

18 배우자의 외도가 의심되는 경우에는 어떻게 대처해야 하나요?

다른 남자가 당신 아내를 훔쳐갔을 때,
가장 좋은 복수는 그 사람이 그냥 그녀를 갖게 하는 것이다.
－사차 귀트리

간통죄가 존재했을 경우에는 간통에 대한 확실한 증거를 확보하기 위해 간통현장을 덮쳐서 성교와 관련된 정액 등 이물질이 묻은 화장지나 이불, 콘돔 등을 확보하는 것이 핵심이었습니다. 이러한 증거를 확보하지 못한 경우 그들이 함께 모텔이 있었다는 정황만 가지고는 간통죄로 처벌받기 어려웠기 때문입니다. 그러나 간통죄가 폐지된 요즈음은 그 정도의 증거까지 수집할 필요는 없습니다. 부정한 행위라는 것에 대하여 간통죄보다 넓은 개념으로 인정되므로 반드시 성관계에 이르러야만 부정한 행위로 인정되는 것은 아니기 때문입니다.

따라서 배우자의 외도가 의심되는 경우에는 예전에 간통죄가

존속하고 있었을 때 보다 좀 더 편안한 방법으로 증거를 수집할 수 있는데, 혹시라도 배우자에게 외도의 의심이 있는 경우에는 다음과 같은 방법으로 증거를 수집하는 것이 좋습니다. 예를 들어 배우자의 뒤를 좇아 상간자와 모텔 등을 들어가는 장면이나 손을 잡거나 팔짱을 끼는 등의 장면을 촬영, 배우자의 이메일이나 문자, 카톡 등을 확인하는 방법, 배우자가 상간자와의 성교사실을 자백한 경우 그에 대한 녹취 그리고 요즘 아주 많이 나오는 증거수집 방법 중의 하나가 블랙박스의 영상 또는 음성파일 확보인데, 차량용 블랙박스에는 녹음기능이 있기 때문에 차내에서 대화하는 내용이 모두 녹음됩니다. 가끔 차 안에서 성행위를 하는 음성이 녹음되기도 하고 차안에서 상간자와 애정 섞인 대화를 나누기도 하는데 그러한 음성이 녹음된 파일을 확보해 두시면 아주 좋은 증거가 됩니다. 그리고 블랙박스 영상을 확인해보면 녹화된 영상 중에 상간자와 모텔 등에 들어가는 장면, 포옹하는 장면, 스킨십을 하는 장면 등이 종종 녹화돼 있는 경우도 있는데, 이 또한 아주 유력한 증거가 됩니다.

이외에 내비게이션의 목적지를 조회해보는 것도 좋은 방법입니다. 목적지 중 유원지 등 평소의 동선과 다른 행선지가 있을 경우 배우자가 불륜행각을 자행하고 있는 것이 의심되므로 그에 대한 뒷조사를 은밀히 해볼 필요성이 있습니다.

이러한 증거수집이 효율적으로 진행될 경우 배우자와 상간자 모두에게 위자료를 받아낼 수 있으므로 만일 배우자의 외도가 의심되면 이를 배우자가 전혀 눈치채지 못하게 은밀히 관련 증거를 수집하는 것이 좋습니다.

19 배우자로부터 폭행을 당했을 경우 어떻게 대처해야 하나요?

폭력이란 무능력자들의 마지막 피난처이다.

– 아이작 아시모드

배우자에게 폭행하는 것은 대표적인 이혼사유 중 하나입니다. 다만 이혼소송에서 실제 존재했던 폭행에 대한 사실을 입증하지 못해 곤경에 처하는 경우가 많습니다. 이는 여러 가지 이유들로 배우자의 폭행 이후에도 혼인관계가 지속되면서 관련 증거수집을 포기하거나 수집한 증거조차 폐기한 탓입니다. 문제는 폭행은 습관이고 중독성이 강해 혼인생활 중 계속 반복적으로 발생할 수 있고, 결국 어느 순간에는 폭행을 이유로 이혼을 결심하게 되는 경우가 많다는 것입니다. 따라서 배우자로부터 폭행을 당했을 경우에는 이혼신청 여부와 무관하게 우선 관련 증거를 수집해 놓는 것이 좋습니다.

증거확보의 가장 보편적인 방법은 폭행을 당한 후 병원에서 치료를 받으며 기록을 남겨두는 것인데, 진료 당시 반드시 의사한테 배우자로부터 폭행을 당했다고 진술해야 합니다. 그러면 그 진술은 의료기록에 기재되며 추후 별도의 진단서가 없더라도 그 의료기록만으로도 이혼소송이나 형사고소가 가능하기 때문입니다.

만일, 병원에서 진단 및 치료를 받을 만한 사정이 되지 아니할 경우에는 폭행을 이유로 112에 신고를 해두는 것이 좋습니다. 그럴 경우 경찰이 출동하게 되는데, 이때 주의할 점은 출동한 경찰관에게 배우자로부터 폭행을 당했다는 사실을 진술해 둬야 한다는 것입니다. 그 이유는 추후 이혼소송이 진행될 경우 당시 출동했던 지구대를 관할하는 경찰서에 정보공개신청을 통해 출동내역을 발급받을 수 있게 되는데, 그 출동내역에는 언제, 어디로 누가 무슨 사유로 출동했으며 어떻게 조치를 했는지 그 결과가 기록돼 있어 이를 증거로 사용할 수 있기 때문입니다.

그리고 실무상으로는 단 한 차례라도 폭행을 당했다면 이를 이유로 이혼할 수 있는 길이 있습니다. 만일 이를 이유로 이혼을 하고자 한다면 그 행위에 대해 폭행 또는 상해죄로 형사고소를 한 후 검사에게 가정보호사건으로 처리하도록 요청하면 됩니다. 그럴 경우 검사는 일반형사사건으로 기소하는 것이 아니라 가정법원에 가정보호사건으로 송치하게 되고, 가정법원에서는 가해

자에게 「가정폭력범죄의 처벌 등에 관한 특례법」 제40조 소정의 접근금지, 수강명령, 사회봉사명령 등과 같은 보호처분을 명하기 때문에 가해자인 배우자는 상당히 곤란한 상황에 놓이게 됩니다. 일반형사사건으로 기소되면 벌금이 부과되고 벌금만 납부하면 그만이지만 가정보호사건의 경우 수강명령, 사회봉사명령 등의 보호처분을 받게 되므로 이만저만 고역이 아니기 때문입니다.

그 외 여성긴급전화 1366을 이용하는 것도 좋습니다. 이곳은 정부 및 광역예산으로 운영되는 공적기관으로, 1년 365일 24시간 언제든지 전화, 면접, 방문, 사이버 상담이 가능하고, 상담원이 상담내용을 상담기록지에 정리해 두기 때문에 추후 그 상담기록지를 이혼소송에서 폭행 증거로 사용할 수 있습니다.

그 외 폭행을 당했을 경우 위 각 절차와 별도로 폭행부위에 대한 사진을 찍어놓는 것도 좋고, 배우자의 폭행에 대한 증언을 녹음해 두는 것도 좋습니다.

폭행의 경우 배우자의 직업이 공무원이거나 준공무원, 직업군인, 교사, 대기업사원 등과 같이 윤리의식이 보다 더 강조되는 직업이라면 이를 효과적으로 이용해 신분상 타격을 줄 수 있을 뿐아니라 소송에서 유리한 조건으로 합의를 도출해 낼 수도 있으므로 꼼꼼히 준비해 둘 필요가 있습니다.

• 우울증 검사 BDI

인지치료 학자인 벡 Beck이 만든 우울증검사입니다. 최근의 정신 건강 상태를 점검해보시기 바랍니다. 가장 중요한 것은 우울에서 벗어나는 것입니다. 간혹 여러 가지 일들로 우울감을 느낄 수도 있지만, 우울과 너무 오래 친하면 몸과 마음이 황폐해질 수 있습니다. 다음과 같은 상태가 2주 이상 지속되면 전문의의 상담을 받아보시기 바랍니다.

• BDI 우울증 검사

이름: 나이: 성별: (남, 여)   실시일:

이 질문지는 여러분들이 일상생활에서 경험할 수 있는 내용들로 구성돼 있습니다. 각 내용은 모두 4개의 문항으로 이루어져 있는데, 이 4개의 문항들을 자세히 읽어보시고, 그중 요즈음 (오늘을 포함해 지난 일주일 동안)의 자신을 가장 잘 나타낸다고 생각되는 하나의 문항을 선택해 그 번호에 ○표 해 주세요. 하나도 빠뜨리지 말고 반드시 한 문항만을 선택하시되, 너무 오래 생각하지 말고 솔직하게 응답해주세요.

1.0_ 나는 슬프지 않다.

　1 나는 슬프다.

　2 나는 항상 슬퍼서 그것을 떨쳐버릴 수 없다.

　3 나는 너무나 슬프고 불행해서 도저히 견딜 수 없다.

2.0_ 나는 앞날에 대해 별로 낙심하지 않는다.

　1 나는 앞날에 대해 비관적인 느낌이 든다.

　2 나는 앞날에 대해 기대할 것이 아무것도 없다고 본다.

　3 나의 앞날은 아주 절망적이고 나아질 가능성이 없다고 느낀다.

3.0_ 나는 실패자라고 느끼지 않는다.

　1 나는 보통 사람들보다 더 많이 실패한 것 같다.

　2 내가 살아온 과거를 되돌아보면, 생각나는 것은 실패뿐이다.

　3 나는 인간으로서 완전히 실패자인 것 같다.

4.0_ 나는 전과 같이 일상생활에 만족하고 있다.

　1 나의 일상생활은 전처럼 즐겁지 않다.

　2 나는 더 이상 어떤 것에서도 참된 만족을 얻지 못한다.

　1 나는 모든 것이 다 불만스럽고 지겹다.

5.0_ 나는 특별히 죄책감을 느끼진 않는다.

　1 나는 죄책감을 느낄 때가 많다.

　2 나는 거의 언제나 죄책감을 느낀다.

　1 나는 항상 언제나 죄책감을 느낀다.

6.0_ 나는 벌을 받고 있다고 느끼지 않는다.

나는 아마 벌을 받을 것 같다.

나는 벌을 받아야 한다고 느낀다.

나는 지금 벌을 받고 있다고 느낀다.

7.0_ 나는 나 자신에게 실망하지 않는다.

나는 나 자신에게 실망하고 있다.

나는 나 자신이 혐오스럽다.

나는 나 자신을 증오한다.

8.0_ 내가 다른 사람보다 못한 것 같지는 않다.

나는 나의 약점이나 실수에 대해서 나 자신을 탓한다.

내가 하는 일이 잘못됐을 때는 언제나 나를 탓한다.

일어나는 모든 나쁜 일들은 다 내 탓이다.

9.0_ 나는 자살 같은 것을 생각하지 않는다.

나는 자살할 생각은 하고 있으나, 실제로 하지는 않을 것이다.

나는 자살하고 싶다.

나는 기회만 있으면 자살하겠다.

10.0_ 나는 평소보다 더 울지는 않는다.

나는 전보다 더 많이 운다.

나는 요즈음 항상 운다.

나는 전에는 울고 싶을 때 울 수 있었지만, 요즈음에는 울래야 울

기력조차 없다.

11.0_ 나는 요즈음 평소보다 더 많이 짜증을 내는 편은 아니다.

나는 전보다 더 쉽게 짜증이 나고 귀찮아진다.

나는 요즈음 항상 짜증스럽다.

전에는 짜증스럽던 일에 요즈음은 너무 지쳐서 짜증조차 나지 않는다.

12.0_ 나는 다른 사람들에 대한 관심을 잃지 않고 있다.

나는 전보다 다른 사람들에 대한 관심이 줄었다.

나는 다른 사람들에 대한 관심이 거의 없어졌다.

나는 다른 사람들에 대한 관심이 없어졌다.

13.0_ 나는 평소보다 결정을 잘 내린다.

나는 결정을 미루는 때가 전보다 더 많다.

나는 전에 비해 결정을 내리는 데에 더 큰 어려움을 느낀다.

나는 더 이상 아무 결정도 내릴 수 없다.

14.0_ 나는 전보다 내 모습이 더 나빠졌다고 느끼지 않는다.

나는 나이 들어 보이거나 매력 없어 보일까봐 걱정한다.

나는 내 모습이 매력 없게 변해버렸다고 느낀다.

나는 내가 추하게 보인다고 믿는다.

15.0_ 나는 전처럼 일을 할 수 있다.

어떤 일을 시작하려면 나 자신을 매우 심하게 채찍질해야만 한다.

무슨 일이든 하려면 나 자신을 매우 심하게 채찍질해야만 한다.

나는 전혀 아무 일도 할 수가 없다.

16.0_ 나는 평소처럼 잠을 잘 수 있다.

나는 전처럼 잠을 자지 못한다.

나는 전보다 한 두 시간씩 일찍 깨고 다시 잠들기 어렵다.

나는 평소보다 몇 시간이나 일찍 깨고 다시 잠들 수 없다.

17.0_ 나는 평소보다 더 피곤해하지는 않다.

나는 전보다 더 쉽게 피곤해진다.

나는 무엇을 해도 언제나 피곤해진다.

나는 너무나 피곤해서 아무 일도 할 수 없다.

18.0_ 내 식욕은 평소와 다름없다.

나는 요즈음 전보다 식욕이 좋지 않다.

나는 요즈음 식욕이 많이 떨어졌다.

요즈음 전혀 식욕이 없다.

19.0_ 요즈음 체중이 별로 줄지 않았다.

전보다 몸무게가 1kg가량 줄었다.

전보다 몸무게가 5kg가량 줄었다.

전보다 몸무게가 7kg가량 줄었다.

20.0_ 나는 건강에 대해 전보다 더 염려하고 있지는 않다.

나는 통증, 소화불량, 변비 등과 같은 신체적인 문제로 걱정하고
있다.

나는 건강이 매우 염려돼 다른 일은 아무 것도 생각하기 힘들다.

나는 건강이 너무 염려돼 다른 일을 생각할 수 없다.

21.0_ 나는 요즈음 성(sex)에 대한 관심에 별다른 변화가 있는 것 같지는 않다.

나는 전보다 성　에 대한 관심이 줄었다.

나는 전보다 성　에 대한 관심이 상당히 줄었다.

나는 전보다 성　에 대한 관심이 완전히 줄었다.

· **채점 방법_** 자신이 체크한 문항(0, 1, 2, 3)을 모두 합산하시면 됩니다. 체크 결과 9 이하는 정상 수치, 10∼15점 사이는 미약한 우울증, 16점 이상은 심한 우울증 수치입니다.

0∼9: Not depressed

10∼15: Mildly depressed

16∼23: Moderately depressed

24∼63: Severely depressed

• 자기평가 불안 척도^{BAI}

벡 자기평가 불안 척도

번호	평가 내용	전혀 느끼지 않았다	조금 느꼈다	상당히 느꼈다	심하게 느꼈다
1	가끔씩 몸이 저리고 쑤시며 감각이 마비된 느낌을 받았다.	0	1	2	3
2	흥분된 느낌을 받는다.	0	1	2	3
3	가끔씩 다리가 떨리곤 한다.	0	1	2	3
4	편안하게 쉴 수가 없다.	0	1	2	3
5	매우 나쁜 일이 일어날 것 같은 두려움을 느낀다.	0	1	2	3
6	어지러움(현기증)을 느낀다.	0	1	2	3
7	가끔씩 심장이 두근거리고 빨리 뛴다.	0	1	2	3
8	침착하지 못하다.	0	1	2	3
9	자주 겁을 먹고 무서움을 느낀다.	0	1	2	3
10	신경이 과민돼 왔다.	0	1	2	3
11	가끔씩 숨이 막히고 질식할 것 같다.	0	1	2	3
12	자주 손이 떨린다.	0	1	2	3
13	안절부절 못해 한다.	0	1	2	3
14	미칠 것 같은 두려움을 느낀다.	0	1	2	3
15	가끔씩 숨쉬기 곤란할 때가 있습니다.	0	1	2	3
16	죽을 것 같은 두려움을 느낀다.	0	1	2	3
17	불안한 상태에 있다.	0	1	2	3
18	자주 소화가 잘 안되고 뱃속이 불편하다.	0	1	2	3
19	가끔씩 기절할 것 같다.	0	1	2	3
20	자주 얼굴이 붉어지곤 한다.	0	1	2	3
21	땀을 많이 흘린다(더위로 인한 경우는 제외).	0	1	2	3

번호	평가	(단위: 점)
22~26	불안 상태(관찰과 개입을 요함)	
27~31	심한 불안 상태	
32 이상	극심한 불안 상태	

저자약력

• **김동근**(숭실대 초빙교수)

숭실대학교 졸업, 숭실대학교 일반대학원 졸업(법학박사), 상담심리대학원(부부상담전공),숭실대학교 미래인재교육원 주임교수, 국가전문자격시험 출제위원, 내외일보, 내외경제신문 논설위원, 한국법무보호복지학회 이사, YMCA 병설 월남시민문화연구소 연구위원

-자격

부부상담사 1급, 심리상담사 1급, 심리분석사 1급

-저서

유형별 가사분쟁실무(진원사), 가사소송법실무(진원사), 이혼소송에서 위자료 재산분할까지(진원사), 나홀로 하는 가사소송실무(진원사), 가사이혼소송실무(중앙법률사무교육원), 가사소송법실무 Ⅰ, Ⅱ(진원사), 이혼소송 준비부터 가압류 강제집행까지(법률출판사), 사건유형별 가사소송 이론 및 실무(진원사), 한권으로 끝내는 가사소송실무(법률출판사)

-경력

전, 법무법인 태한 부설 가정법률연구소 소장, 법무법인 현명 부설 가정법률연구소 소장, 가나안 가정법률연구소 소장, JD 가정법률연구소 소장, 법률사무소 로앤어스 가사팀 자문위원

-수상내역

언론사 공로상(부부상담부분) : 한국공보뉴스, 종합경찰신문

-부부상담 전문위원 활동기관(상담문의 : 010-3331-0943)

KG그룹 산하 KG 써닝리더십센터, 여성친화기업㈜승진개발, 글로벌 가치거래 플랫폼 클래 버스, ㈜주원, ㈜제니엘 이노베이션, ㈜인어프, 인트로맨㈜, 트리머스에이치알㈜, 동서기 연㈜, 한국은혜교회

• **박민호**(언론인 - (현)종합경찰신문 대표 발행인)

전, 경찰청 광역수사대 팀장, 한세대학교 외래교수, 대한민국 경비협회 전임교수, 경인매일신문 기자, 한국공보뉴스 본부장, (현)대한탐정협회 사무총장

누구나 행복한 이혼을 꿈꾸지만

1판 1쇄 인쇄 2021년 7월 30일
1판 1쇄 발행 2021년 8월 15일

지은이 김동근, 박민호 공저
펴낸이 김용성
펴낸곳 지우 출판(법률출판사)

출판등록 2003년 8월 19일
주소 (우 10881) 서울시 동대문구 휘경로 회동길 2길 3, 4층
대표전화 02-962-9154 **팩스** 02-962-9156 **이메일** lawnbook@hanmail.net

ISBN 978-89-91622-82-1 03360

• 잘못 만들어진 책은 바꾸어 드립니다.